九型人格

职场高效沟通的艺术

王慧梅 编著

成都地图出版社

图书在版编目（CIP）数据

　九型人格：职场高效沟通的艺术／王慧梅编著. －－成都：
成都地图出版社，2018. 11（2020. 4 重印）
　ISBN 978-7-5557-0944-2

　Ⅰ．①九… Ⅱ．①王… Ⅲ．①人际关系学－通俗读物
Ⅳ．①C912. 1-49

中国版本图书馆 CIP 数据核字（2018）第 266816 号

九型人格：职场高效沟通的艺术
JIUXINGRENGE ZHICHANG GAOXIAO GOUTONG DE YISHU

编　　著：王慧梅
责任编辑：游世龙
封面设计：松　雪
出版发行：成都地图出版社
地　　址：成都市龙泉驿区建设路 2 号
邮政编码：610100
电　　话：028-84884648　028-84884826（营销部）
传　　真：028-84884820
印　　刷：河北鹏润印刷有限公司
开　　本：880mm×1270mm　1/32
印　　张：6
字　　数：136 千字
版　　次：2018 年 11 月第 1 版
印　　次：2020 年 4 月第 5 次印刷
定　　价：35. 00 元
书　　号：ISBN 978-7-5557-0944-2

前　言

　　九型人格，又名性格形态学。它与当今其他性格分类法不同，九型人格揭示了人们内在最深层的价值观和注意力焦点，它不受表面的外在行为的变化所影响。它可以让人真正地知己知彼，可以帮助人了解自己的个性，从而完全接纳自己的短处、发挥自己的长处；可以让人了解其他不同的个性类型，从而懂得如何与不同的人交往沟通及融洽相处，如何与别人建立更真挚、和谐的合作关系。

　　九型人格按照古老的图腾的九个角展开，揭示了九种不同的内心动力。每个人天生都是独一无二的个体，九型人格论所描述的九种性格类型，并没有好坏之分，不同性格类型的人响应世界的方式具有可辨识的根本差异。我们的性格都是自己的，性格会自行过滤并诠释我们的所见所闻，这在今日已成为共识，而九型人格论的基本原则正是：在九种可能的"过滤程序"中，我们每个人都拥有其中的一种，这个过滤程序会将我们此生的蓝图以及一般应当注意的焦点置于深处，常年隐藏在潜意识层，它可以用来保护我们本质的某个层面，形成我们与外界的沟通策略。

　　目前，九型人格测试已成为美国斯坦福大学商学院的必修课程，来自苹果、华为等世界 500 强企业的员工和管理者都在分享这一全球通行的识人秘籍。

本书深入浅出，简要精到，帮助我们知己知彼、成就自我。主要分为十章，第一章介绍了什么是九型人格以及如何判断自己及他人属于哪种人格；第二章至第十章则分别讲述了不同人格的不同特点、沟通技巧等。

让我们用九型人格的平面镜、放大镜、显微镜、望远镜、多面镜不同程度地来认清性格与命运的深层关联。此外，本书有针对性地为每种人格类型设计了实用的练习，帮助不同的人集中注意力，摆脱限制性的习惯与行为，从而实现良好的自我发展与和谐的人际沟通。

九型人格为我们提供了更多的可能，让我们以此为起点，有方向性地去进行自我改善、自我整合与自我超越。让我们以理解、宽容和欣赏的人生态度来面对现实生活中的种种挫折和不幸，敞开心扉营造出个性十足的积极的生命空间！

2018 年 8 月

目　录

第一章

九型人格:认识自我、拓展交际的最佳工具

九型人格概述

　　九型人格学是一门古老的学问，它按照人们习惯性的思维模式、情绪反应和行为习惯等性格特质，将人分为九种，称为"九型人格"，又名"性格形态学""九种性格"。

　　九型人格是两千多年前印度西部与阿富汗一带研究出的人性学，后来由苏非教派所传承。 原来的九型人格是口耳传播，教派中的大师借此辨析弟子的性格类型，并依此指引他们灵修上的出路，帮助他们提升人格。 其后，九型人格学说辗转流传到欧美等地，近年来备受美国斯坦福等国际著名大学 MBA 学员推崇，并成为现今最热门的课程之一，近十几年来更是风行欧美学术界及工商界。 世界500 强企业的管理阶层均研习过九型人格，并以此培训员工，建立团队，提高执行力。

　　九型人格分别为：

　　1 号型人格：完美型；

　　2 号型人格：助人型（给予型）；

　　3 号型人格：成就型（实干型）；

　　4 号型人格：自我型（感觉型）；

　　5 号型人格：理智型（观察型）；

　　6 号型人格：疑惑型（怀疑型）；

　　7 号型人格：活跃型（娱乐型）；

　　8 号型人格：领袖型；

　　9 号型人格：平和型（和平型）。

　　九型人格不仅仅是一种精妙的性格分析工具，更重要的是还为个人修养与自我提升提供有效的方法。

　　九型人格学说是一门讲求实践效益的学科，属人格心理学范畴，是应用心理学中的一种。 其应用范围广泛，有助于个人成长、企业管理及人际沟通和关系处理，特别适于企事业单位的人员招聘、组织构建、团队沟通。 作为评价人员性格的工具，近年来更扩展至夫妻相处、子女教育及亲子关系等方面。 九型人格论把人格清晰简洁地分成九种类型，每种类型都有其鲜明的人格特征。

　　九型人格论所描述的九种人格类型并没有好坏之别，只是不同类型的人的思维方式和行为方式有所不同。 九型人格是我们了解自己、认识和理解他人的一把金钥匙，是一件与人沟通、交流的利器。 时至今日，九型人格被誉为沟通的"圣经"和最有效的"读心术"。 它为我们提供了一幅真实、深刻而又层次分明的人性地图，使我们可以更准确和有效地去认知和管理自我，去了解和管理他人。

九型人格的独特优势

"每个人都会成功"并不是一句空话，"天生我材必有用"也不仅仅是酒后狂言，事实就是如此，无论什么性格的人都有独特的成功密码，而这个密码就是人格，即九型人格。 学习九型人格就是要让人们知道自己的性格是什么，倾向于哪方面，而人们的这种本源的气质人格就将直接影响人生的成功。 人们无须为自己拥有的人格而懊恼，因为每一种人格都有独特的成功密码。

九型人格研究人员卡特尔强调，要想找到自己的成功密码，就要从自己灵魂深处的气质人格出发。 但是现实生活中有很多人戴着有色眼镜看待各种人格，有的人甚至将人格分成了三六九等。 因此，很多人无法真正地认识自己。 有的人无限放大自己的优势，好高骛远；而有的人只盯着自己的性格缺陷，裹足不前。 有些人还完全混淆了气质和后天环境下形成的性格，妄图改变气质，去做那些自己根本不可能做到的事情，致使自己狼狈不堪。 下面的寓言故事就说明了个人想要改变自己的根本人格是很愚蠢的事情。

有个人家里养了一头驴和一只哈巴狗。驴子每天都要在磨坊里拉磨，到树林里背木材，工作非常繁重。哈巴狗则不然，它会演许多小把戏，非常讨主人的欢心，因此每次都能得到好吃的作为奖励。

工作之余，驴子总抱怨命运对自己太不公平。终于有一天机会来了，驴子突然挣脱缰绳。它跑进主人的房间，学哈巴狗那样围着主人跳舞，它又蹦又踢，不仅撞翻了桌子，还把很多碟碗撞得粉碎。不仅如此，驴子居然还爬到主人身上去舔他的脸。主人吓得半死，赶忙呼救，邻居闻声而来，驴子以为得到的将是奖赏，不想却招来了杀身之祸。

　　寓言故事里的驴子无论怎样努力表演，都不及小狗可爱，反而把事情弄得一团糟。所以，一个人是无法改变自己的本性的，每个人能做的只是找到适合自己性格的人生与事业。不过还有很多人总是认为自己的性格什么都干不成，只能潦倒一生。特别是那些有着懦弱、抑郁、沉默寡言之类性格的人更会感到十分痛苦，从而陷入自卑的深渊。其实，一个人的成功有可能是从童年开始的，然而，许多父母不明白每一种性格都能成功的道理，每天耳提面命地教育孩子做他们不擅长做的事，甚至还要逼他们改变性格。由于父母长期的打压，孩子们失去了发挥天赋的机会，长大以后就容易造成扭曲的性格。事实上，无论怎样的环境都是无法掩盖人们的天性的。

　　九型人格强调，既然上天赋予了你一定的人格，它就会为你找到适合的事业。下面这个故事就说明了人的性格是怎样促使事业成功的。这个故事发生在19世纪末的捷克，它激励了很多人，也为那些寻觅人生目标的人提供了导航。

　　在一个寒冷的冬季，一个男孩降生在布拉格一个贫穷的犹太人家庭。随着男孩一天天长大，人们发现他虽然是一个男孩，却没有一点男子气概。他的性格十分内向，也非常敏感多虑，再加上父亲暴躁的脾气，他总觉得周围的环境对他产生了压迫和威胁。久而久之，懦弱使他无法面对他人，防范和躲避的心理在他心中根深蒂固，甚至无可救药。而男孩的父亲则以强硬的态度教育他，希望他成为一个坚强不屈、刚毅勇敢的人。在父亲法西斯式的教育下，他更加怯懦了，以至于他的内心变得十分脆弱，似乎周围有一点的风吹草动都会伤害到他。他常常独自躲在角落里，害怕有什么灾难降临到他的身上。看到他这样子，任何人都会说："这样的孩子，今生算是没希望了。"是的，或许小男孩自己也曾彷徨过。当时的奥地利正处在战火当中，他想去当兵冲锋陷阵，却很不现实，因为他胆小懦弱，只能成为别人的负累；那么他去从政呢，那必然是自讨苦吃，周旋于众多的政治要员中，那是一种痴想；好吧，那就去做个律师，在今后的学习中他确实学习了法律，但是要在法庭上像斗鸡一样据理力争，他根本就做不到。那么，他到底要做什么呢？难道懦弱、内向的性格真的就注定是一场悲剧了吗？不会的，上帝早就给他安排好了人生出路——上帝让他成了世界上伟大著名的文学家，他就是卡夫卡。

在现实生活中，太多像卡夫卡这样性格的人走上了失败的道路，为什么命运会如此不同呢？其实原因很简单，那就是卡夫卡找到了适合自己人格的事业。 九型人格分析，内向、懦弱的人是属于精神、自我、思想类型的人，他们更注重内心的感受。 观察周围的世界，他们能够敏锐地感受到别人无法体会到的东西。 他们是外部世界的懦夫，却是精神世界的国王。 卡夫卡正是认清了自己，选择了精神世界，因此他能够在艺术的文学王国里纵横驰骋。 在这个精神家园里，他的懦弱、悲观、消极等性格特点，反倒使他对世界、生活、人生、命运，有了更尖锐、更敏感、更深刻的认识。 他以自己在生活中受到的压抑、苦闷为题材，开创了一个文学史上全新的艺术流派——意识流。卡夫卡给人类留下了许多不朽的精神佳作——《变形记》《城堡》《审判》《美国》等。

事实上，没有人不希望自己拥有成功的人生，包括像卡夫卡这样性格懦弱的人。或许人们会认为卡夫卡是一个偶然。其实不然，正是由于卡夫卡抓住了自己的人格特点才取得了成功。也就是说，如果人们能够看清自己的人格，那么成功就不是偶然。在现实生活中，人们总是盲目地选择职业，很多人因为工作不顺，人生没有方向而茫然失措，甚至是抑郁。可以说，错误的选择会使人们变得更加糟糕，而如此颓废的情绪也会导致人生的失败。因此，人们要学着认真对待自己的人生，找到属于自己的人生舞台。

或许有人会说："我知道我这个性格适合干什么，但是当我真正去做的时候，却又发现困难重重，所以又怀疑自己是不是真的适合。"前面提到过，人的天性无法改变，但是，人们在后天形成的一些性格却是可以改变的。当有些后天形成的性格阻碍事业的发展时，人们是可以通过改变行为习惯来调整的。所以，人们找好方向却遇到了阻碍是正常现象，当人们真正沉浸到自己的事业中，或者改变一些后天形成的性格时，这些阻碍就会消失。

琳达从小的梦想就是当演员，继而进入好莱坞。她热爱表演，酷爱艺术，可是当她上台表演时，却很怯懦，感觉信心不足。此时，或许有人会说表演就是要敢于面对大众，如果害怕陌生人，她就不适合在演艺圈发展。但结果并不是这样的，琳达的天性适合做表演，而演员的根本也是表演，那么她选择的这条路就是完全正确的。问题出现在她后天形成的性格上，即自信心不足、害怕生人，只要琳达多做练习，就一定会改变的。

通过这个事例，人们应该清楚人格中哪些性格是可以改变的，哪些是天生不可改变的，这样才能避免在梦想面前退缩不前。 九型人格研究中心经过研究发现，有些人放弃某项职业的原因居然是他们嫉妒、自卑、懒惰等性格特点。 这些可以说是人性的缺点，是人们在实现理想的道路上必须克服的。

世界上没有十全十美的人格，而一个人也无法做到十全十美。因此，九型人格中的每一种人格都是一种极端，每一种人格除了有本源的倾向之外，都会有一些边缘性格。 这些边缘性格就是人们后天所形成的，例如人格中的给予者，他们会在人格发展中更多考虑别人的想法；而享乐主义者会控制自己的浮躁性；浪漫主义者则会控制自己多考虑现实等。 总之，九型人格可以为每个人找到成功的密码，关键就在于人们是否愿意开启走向成功的大门。

判断自己是哪类性格

在九种人格类型中，你是追求完美的 1 号，还是喜欢给予的 2 号；是实干派的 3 号，还是浪漫伤感的 4 号；是擅长观察的 5 号，还是习惯怀疑的 6 号；是享乐至上的 7 号，还是具备领导作风的 8 号，还是爱好和平的 9 号？做完下面的测试题，你就能找到答案。

九型人格权威测试

九型人格权威测试来自于美国斯坦福大学的科学研究，如今这一测试结果已作为众多世界 500 强企业领导安排员工岗位时的一个重要参考。

下面我们借由美国著名九型人格大师海伦·帕尔默所著的《九型人格》一书中的九型人格测试，来帮助你了解自身与周围的人。在做九型人格测试题之前，你需要注意以下几点：

第一，答题时要凭第一感觉做出选择，而不要过多权衡。这样忠实地记录，只是为了更好地了解自己。

第二，在你认为符合项的前面画"√"，注意遮住每一项后面的数字。

第三，把你所选择的每一项后面的数字归类，假如你的选择中包括"1""12""15"这三项，而它们后面的数字都是 9，那么答案就是 3 个 9。以此类推，你选的哪种数字最多，对照答案便能知道自己是九型人格中的哪一种。

第四，数字最多的只是你的主要性格，你还要参照其他较多数字所对应的人格类型，并阅读全书以获得更详细、更准确的信息。

下面就是九型人格测试题，按照你的实际情况开始答题吧。

□1. 我很容易感到迷惑。（9号）

□2. 我不想成为一个喜欢批评别人的人，但很难做到。（1号）

□3. 我喜欢研究宇宙的道理、哲理。（5号）

□4. 我很注意自己是否年轻，因为那是找乐子的本钱。（7号）

□5. 我喜欢独立自主，一切都靠自己。（8号）

□6. 当我有困难时，我会试着不让人知道。（2号）

□7. 被人误解对我而言是一件十分痛苦的事。（4号）

□8. 施比受会给我更大的满足感。（2号）

□9. 我常常设想最糟的结果而使自己陷入苦恼之中。（6号）

□10. 我常常试探或考验朋友、伴侣的忠诚。（6号）

□11. 我看不起那些不像我一样坚强的人，有时我会用种种方式羞辱他们。（8号）

□12. 身体上的舒适感对我非常重要。（9号）

□13. 我能触碰生活中的悲伤和不幸。（4号）

□14. 别人不能完成他的分内事，会令我失望和愤怒。（1号）

□15. 我时常拖延问题，不去解决。（9号）

□16. 我喜欢戏剧性、多彩多姿的生活。（7号）

□17. 我认为自己的性格非常不完善。（4号）

□18. 我对感官的需求特别强烈，喜欢美食、服装和身体的触觉刺激，并纵情享乐。（7号）

□19. 当别人请教我一些问题时，我会给他分析得很清楚。（5号）

□20. 我习惯推销自己，从不觉得难为情。（3号）

□21. 有时我会放纵和做出僭越的事。（7号）

□22. 帮助不到别人会让我觉得很痛苦。（2号）

□23. 我不喜欢别人问我广泛、笼统的问题。（5号）

□24. 在某方面我有放纵的倾向(如食物、药物等)。（8号）

□25. 我宁愿适应别人，包括我的伴侣，也不会反抗他们。（9号）

□26. 我最不喜欢的一件事就是虚伪。（6号）

□27. 我知错能改，但由于执着好强，周围的人还是会感觉到压力。（8号）

□28. 我常觉得很多事情都很好玩，很有趣，人生真快乐。（7号）

□29. 我有时很欣赏自己充满权威，有时却又优柔寡断，依赖别人。（6号）

□30. 我习惯付出多于接受。（2号）

□31. 面对威胁时，我一边变得焦虑，一边对抗迎面而来的危险。（6号）

□32. 我通常是等别人来接近我，而不是我去接近他们。（5号）

□33. 我喜欢当主角，希望得到大家的注意。（3号）

□34. 别人批评我，我也不会回应和辩解，因为我不想发生任何争执与冲突。（9号）

□35. 我有时期待别人的指导，有时却忽略别人的忠告而径直去做我想做的事。（6号）

□36. 我经常忘记自己的需要。（9号）

□37. 在重大危机中，我通常能克服对自己的质疑和内心的焦虑。（6号）

□38. 我是一个天生的推销员，说服别人对我来说是一件容易的事。（3号）

□39. 我不会相信一个我一直都无法了解的人。（9号）

□40. 我喜欢依惯例行事，不大喜欢改变。（8号）

□41. 我很在乎家人，在家中表现得忠诚和包容。（9号）

□42. 我被动而优柔寡断。（5号）

□43. 我很有包容力，彬彬有礼，但跟人的感情互动不多。（5号）

□44. 我沉默寡言，好像不会关心别人似的。（8号）

□45. 当沉浸在工作或我擅长的领域时，别人会觉得我冷酷无情。（6号）

□46. 我常常保持警觉。（6号）

□47. 我不喜欢要对人尽义务的感觉。（5号）

□48. 如果不能完美地表现，我宁愿不说。（5号）

□49. 我的计划比我实际完成的还要多。（7号）

□50. 我野心勃勃，喜欢挑战。（8号）

□51. 我倾向于独断专行并自己解决问题。（5号）

□52. 我很多时候感到被遗弃。（4号）

□53. 我常常表现得十分忧郁，充满痛苦而且内向。（4号）

□54. 初见陌生人时，我会表现得很冷漠、高傲。（4号）

□55. 我的面部表情严肃而生硬。（1号）

□56. 我的情绪飘忽不定，常常不知道自己下一刻想要做什么。（4号）

□57. 我对自己很挑剔，期望不断改善自己的缺点，成为一个完美的人。（1号）

□58. 我的感受特别深刻，并怀疑那些总是很快乐的人。（4号）

□59. 我做事有效率，也会找捷径，模仿力特强。（3号）

□60. 我讲理、重实用。（1号）

□61. 我有很强的创造天分和想象力，喜欢将事情重新整合。（4号）

□62. 我不要求得到很多的注意力。（9号）

□63. 我喜欢每件事都井然有序，但别人会认为我过分执着。（1号）

□64. 我渴望拥有完美的心灵伴侣。（4号）

□65. 我常夸耀自己，对自己的能力十分有信心。（3号）

□66. 如果周围的人行为太过分，我准会让他难堪。（8号）

□67. 我外向、精力充沛，喜欢不断追求成就，这使我的自我感觉良好。（3号）

□68. 我是一位忠实的朋友和伙伴。（6号）

□69. 我知道如何让别人喜欢我。（2号）

□70. 我很少看到别人的功劳和好处。（3号）

□71. 我很容易知道别人的功劳和好处。（2号）

□72. 我嫉妒心强，喜欢跟别人比较。（3号）

□73. 我对别人做的事总是不放心，批评一番后，自己会动手再做。（1号）

□74. 别人会说我经常戴着面具做人。（3号）

□75. 有时我会激怒对方，引来莫名其妙的吵架，其实我是想试探对方爱不爱我。（6号）

□76. 我会极力保护我所爱的人。（8号）

□77. 我常常刻意保持兴奋的情绪。（3号）

□78. 我只喜欢与有趣的人交流，对一些无趣的人却懒得交往，即使他们看来很有深度。（7号）

□79. 我常往外跑，四处帮助别人。（2号）

□80. 有时我会讲求效率而牺牲完美和原则。（3号）

□81. 我似乎不太懂得幽默，没有弹性。（1号）

□82. 我待人热情而有耐性。（2号）

□83. 在人群中我时常感到害羞和不安。（5号）

□84. 我喜欢效率，讨厌拖泥带水。（8号）

□85. 帮助别人实现快乐和成功是我重要的成就。（2号）

□86. 付出时，别人若不欣然接纳，我便会有挫折感。（2号）

□87. 我的肢体硬邦邦的，不习惯别人热情地付出。（1号）

□88. 我对大部分的社交集会不太有兴趣，除非那是我熟识和喜爱的人。（5号）

□89. 很多时候我会有强烈的寂寞感。（2号）

□90. 人们很乐意向我表白他们遇到的问题。（2号）

□91. 我不但不会说甜言蜜语，而且别人也会觉得我唠叨不停。（1号）

□92. 我常担心自由被剥夺，因此不爱作承诺。（7号）

□93. 我喜欢告诉别人所做的事和所知的一切。（3号）

□94. 我很容易认同别人所做的事和所知的一切。（9号）

□95. 我要求光明正大，为此不惜与人发生冲突。（8号）

□96. 我很有正义感，有时会支持不利的一方。（8号）

□97. 我因注重小节而效率不高。（1号）

□98. 我感到沮丧和麻木更多于愤怒。（9号）

□99. 我不喜欢那些侵略性或过度情绪化的人。（5号）

□100. 我非常情绪化，一天内喜怒哀乐多变。（4号）

□101. 我不想别人知道我的感受与想法，除非我告诉他们。（5号）

□102. 我喜欢刺激和紧张的关系，而不是稳定和依赖的关系。（1号）

□103. 我很少用心去听别人的谈话，只喜欢说俏皮话和笑话。（7号）

□104. 我是个循规蹈矩的人，秩序对我十分重要。（1号）

□105. 我很难找到一种我真正感到被爱的关系。（4号）

□106. 假如我想要结束一段关系，我不是直接告诉对方就是激

怒他让他离开我。（1号）

☐107. 我温和平静，不自夸，不爱与人竞争。（9号）

☐108. 我有时善良可爱，有时粗野暴躁，让人很难捉摸。（9号）

测试结果

记录下你所得的数字。

"1号"共有（　）个，对应1号完美主义者。

"2号"共有（　）个，对应2号给予者。

"3号"共有（　）个，对应3号实干者。

"4号"共有（　）个，对应4号浪漫主义者。

"5号"共有（　）个，对应5号观察者。

"6号"共有（　）个，对应6号怀疑论者。

"7号"共有（　）个，对应7号享乐主义者。

"8号"共有（　）个，对应8号领导者。

"9号"共有（　）个，对应9号调停者。

九型人格快速测试

美国九型人格学院创办人唐·理查德·里索的亲传弟子、中国台湾地区首位获得"九型人格学"国际认证讲师资格、美国九型人格学院中国台湾地区分校负责人胡挹芬设计了一套九型人格快速测试题，这套测试题能够帮助人们快速地确定自己的人格类型，从而更好地认知自我、理解他人。

下面，我们就来介绍这套独特而快速的九型人格测试方法。

问自己一个问题："当你遇到不愉快的事情时，你的反应通常是怎样的？"

我们提供如下三个答案供你选择。

第一个答案：习惯性先不发作，会自我要求冷静并继续观察对方的反应，也可能到某一天一次性爆发。 一旦对某人不满，你可能会变得比较冷淡，甚至与对方冷战。

第二个答案：习惯性认为"有什么问题都可以解决"，比较乐观随和，不喜欢争吵，也不认为人与人之间有什么过不去的事情。就算对某人不满，也会极力避免当场发飙。

第三个答案：习惯性让情绪作为主导，坚持把事情一次说清楚，而常常把情况弄得更糟。 只有当情绪被完全发泄出来后，你才会慢慢恢复理智。 只要对某人不满，大家一定能感受到你的"怒气"。

第一个答案的解析如下：

当你选择了第一个答案后，你就被归为九型人格中的 1 号完美主义者、3 号实干者和 5 号观察者一组，而要最终确定你的人格类型，还需要看这三种人格类型的具体特征。

如果你不喜欢毫无章法，坚持用正确的方法做事，一旦看到不对的事情总要去纠正，最怕自己做错事或在道德品质上出现瑕疵，那么你就是 1 号完美主义者。

如果你不喜欢默默无闻，乐于努力工作以赚取相应的报酬，强调有效率与成功者的形象，最害怕输给别人，那么你就是 3 号实干者。

如果你不喜欢依赖他人，热衷思考，善于观察并有收集特定事物的习惯，对自我空间特别在意，最害怕被临时打扰，那么你就是 5 号观察者。

第二个答案的解析如下：

当你选择了第二个答案后，你就被归为九型人格中的 2 号给予者、7 号享乐主义者和 9 号调停者一组，而要最终确定你的人格类型，还需要看这三种人格类型的具体特征。

如果你不喜欢冷清，善良、乐于助人，有时却热心过头，过度干涉别人的生活，喜欢和朋友聚会，最害怕被别人拒绝和排斥，那么你就是 2 号给予者。

如果你不喜欢受限制，容易冲动，勇于尝试新鲜事物，认为多彩多姿的新活动是生活动力的来源，最害怕枯燥无聊的生活，那么你就是 7 号享乐主义者。

如果你不喜欢冲突紧张，有时太过于顺应他人而显得缺乏主见，向往与世无争的生活，最害怕自己被要求做改变，那么你就是 9 号调停者。

第三个答案的解析如下：

当你选择了第三个答案后，你就被归为九型人格中的 4 号浪漫主义者、6 号怀疑论者和 8 号领导者一组，而要最终确定你的人格类型，还需要看这三种人格类型的具体特征。

如果你不喜欢没有个人特色，努力通过美的事物来表达自己，浪漫而情绪多变，期待一些不切实际的事情，最害怕被人抛弃，那么你就是 4 号浪漫主义者。

如果你不喜欢太突出，凡事想很多，希望自己有充分的应变准备，容易过度悲观，心意摇摆不定，最害怕没有人可以让你依靠，那么你就是 6 号怀疑论者。

如果你不喜欢软弱无能，自己很有主见与意志力，喜欢路见不平拔刀相助，有时太过独断专横，过度想掌控局面，最害怕被他人管制，那么你就是 8 号领导者。

九型人格直觉测试

九型人格理论认为，人们的直觉来源于他们习惯关注的东西。因此，人们可以通过认知自己习惯关注的东西来判断自己的人格类型。

问自己一个问题："你习惯关注的东西是什么？"

下面，我们有 9 种答案可供选择：

答案	人格类型	解析
错误的事情	1号完美主义者	1号性格者常常发现生活中充满了错误，他们探究完美的可能，并且会迫不及待地修改，他们渴望有一个没有错误的环境。 但是，当他们的内心不再比较和评判时，他们就有可能获得"正确"的直觉，在一个"完全正确"的解决方式面前，他们会显得异常放松，甚至会说："这一切是多么完美呀！"
他人是否需要帮助	2号给予者	2号性格者的直觉来源于他们对于周围人需求的密切关注，因此他们往往能够理解他人最深层的感受，并及时给予认同，从而容易获得他人的好感。 当然，只有2号给予者才能分辨出他们对于周围人需求的这种敏锐感知到底是一种本能，还是后天环境迫使他们换位思考得来的感觉，又或者只是他们的凭空猜想而已。 对于这一点，外人是难以了解其中的奥秘的。
利益	3号实干者	3号性格者的直觉来源于他们对成功的密切关注，因此他们对影响成功的因素具有敏锐的感知能力，他们习惯将身边的人和事分成有价值和无价值的两种，努力追求那些有价值的能带给他们成功的人和事，而忽略那些无价值的人和事。 这种对环境的敏锐观察能力常常给3号带来极大的安全感和成就感。 对于从事销售工作的3号来说，效果十分明显。
个性	4号浪漫主义者	4号性格者的直觉来源于他们对遥远对象的密切关注，并渴望与其建立情感联系，这种习惯往往能给4号带来一些出其不意的附加作用。 也就是说，尽管4号与朋友相隔千里，他们也觉得能真切体会到对方的感觉。 而且，他们还相信自己的情绪能够根据远方朋友的感受而改变。

答案	人格类型	解析
自己的空间	5号观察者	5号性格者的直觉来源于他们对距离感的密切关注。也就是说，当5号被冥想吸引时，他们往往会选择进行分离性的练习，如使用古老的自我观察技巧——内观的方法，通过观察自身来净化身心。这种方法强调的是通过把心腾空，释放思想，避开其他干扰，培养内心的观察力。
每一件事的可靠性	6号怀疑论者	6号性格者的直觉来源于他们对安全感的密切关注。6号一直在努力摆脱情感上的恐惧，他们坚持的一个重要的生存策略就是发现那些潜在的威胁。6号总是对他人没有表达出来的意图特别敏感，他们会因为其他人不承认的感觉而害怕，并相信自己看到的一切都是真的。因此，具有自我意识的6号常常会把自己的敌意归罪于他人。
好玩的事物	7号享乐主义者	7号性格者的直觉特点是喜欢联想，他们总是把新的信息放到相互关联的多个背景之中。他们发现新问题时，常常不会从这个问题着手，而是首先把中心问题放在一边，从一个完全没有关系的事物或场景进行思考和判断，然后慢慢引到正题上来，他们一般是在不断的联想中，突然发现事物真正的奥妙所在。
权力	8号领导者	8号性格者的直觉来源于习惯关注的东西，他们常常关注权力和控制，喜欢展示自己的力量和能力，似乎充满了能量。他们常常依赖于扩大的自我感知，即使他们本身没有那么强大，但这种感觉影响了他们的精神想象。

答案	人格类型	解析
他人的选择	9号调停者	9号性格者的直觉来源于他们的关注点，他们常常能够感觉到周围人的想法和周围环境的状况，因此，他们常常把自己的想法和他人的想法混合在一起，以至于不能区分出哪些是自己的想法，因为他们的注意力根本就不在自己的身上。

九型人格冲突测试

九型人格理论认为，冲突是人们生活的一部分。然而，不同的人会有不同的处理冲突的方式，这主要是由他们的人格类型决定的。也就是说，我们可以通过观察自己以及他人处理冲突的方式来判断自己以及他人的人格类型。

	引发怒火的原因	人格类型
你在什么情况下会感到愤怒	被批评时、他人中途退出、他人单方面改变计划。	1号完美主义者
	自己额外付出的努力被他人视为理所当然、不被欣赏、自己的讲话未被认真倾听。	2号给予者
	被安排在一个可能失败的位置上、别人看起来不太专业、因为别人拙劣的表现而受到指责、没有因为所做的工作而获得赞扬。	3号实干者
	被忽视或被怠慢、被要求做一些违背自己价值标准的事情。	4号浪漫主义者
	破坏彼此间信任关系的事情、他人不诚实的表现、不受控制的局面、工作任务过重。	5号观察者

	引发怒火的原因	人格类型
你在什么情况下会感到愤怒	遇到压力、别人缺乏真诚、缺少关心、他人滥用权力。	6 号怀疑论者
	沉闷乏味且太过平常的任务、别人不理会或者不严肃对待、不公平的批评。	7 号享乐主义者
	别人不讲道理、对方不直接处理问题、他人不对自己的行为负责、别人说话做事缺乏事实依据。	8 号领导者
	平静的生活被打破、被人指点该怎么做、被忽视、对方态度粗鲁、别人公然对抗、被欺骗、被质疑、不被支持。	9 号调停者

	愤怒的行为	人格类型
你感到愤怒时会有怎样的行为	简短的言论、对别的事情进行谴责、用一些非语言信号来暗示怒火。	1 号完美主义者
	长期压抑自己的感受、决定说点什么的时候情绪激动、事先思考自己要讲的内容（自己的感受、自己为什么会有这种感受、对方有哪些地方做得不对）。	2 号给予者
	询问一些简单的问题、不愿意告诉别人自己的烦恼、音调变得尖锐、发言变得简短。	3 号实干者
	讲话的态度生硬、变得极其安静、多种强烈的感受交织在一起、过度分析形势以及支持自己的理解、长时间坚持自己的感受。	4 号浪漫主义者

	愤怒的行为	人格类型
你感到愤怒时会有怎样的行为	讲话很少、退避但可能并不表现出来、把情绪藏在心里、怒气积压太多以至于在爆发时表现出了自己的愤怒。	5 号观察者
	可能会退避、进行透彻的分析、内心不断地猜测。	6 号怀疑论者
	通过想象一些美好的事情来逃避痛苦、对自己的行为自圆其说、批评或者谴责他人。	7 号享乐主义者
	快速地分拣和整理相关信息及感受、尽量避免出现脆弱或失控的情绪、可能会全面退避、不理会那些自己不尊敬的人。	8 号领导者
	沉默、表情紧张、将怒气发泄到不相关的人身上。	9 号调停者

无论你属于哪一种人格类型，在掌控自己的情绪时，都需要做到以下几点：

第一，在最初确立工作关系时告诉对方哪些行为可能会激怒自己。

第二，在意识到自己被激怒时立刻告诉对方。

第三，在自己已经开始显露出愤怒的情绪时，适当进行一些体育锻炼，如做体操、散步、练瑜伽等。

第四，反省自我的优缺点，联系自己的人格属性进行分析，寻找处理情绪的最佳方法。

九型人格身体语言测试

九型人格理论认为，具备不同人格属性的人会有不同的身体语言。

因此，人们可以通过观察自己以及他人的身体语言来判断自己以及他人的人格类型。

观察一下，你经常使用下列哪种身体语言。

1 号完美主义者	注重自己的仪态，高雅而严肃；目光专注而坚定，一般先注视对方的眼睛，然后打量全身，最后回到眼睛上，他们会给人一种似乎总在挑毛病的感觉；面部表情变化较少，时常严肃，笑容不多；生气时会脸色阴郁，沉默不语；行走坐卧中规中矩，体态端正从不东倒西歪，而且可以长久保持同一姿势不变。
2 号给予者	脸上总是洋溢着亲切的笑容；身体会下意识地向前倾；在与人相处的过程中，身体总是有意无意地靠近对方，但不会让人觉得有压迫感或不舒服；劝慰别人时，喜欢采取轻拍对方的肩膀、握住对方的双手、拥抱等身体接触的方式；面部表情丰富，习惯于直接表达喜怒哀乐。
3 号实干者	站如松，坐如钟，肢体语言非常丰富，大多数情况下很难安静坐好；与人交流时，眼神专注且充满自信；谈话时常常配以相应的肢体动作，尤其喜欢将手势与眼神相结合；在向他人示好时，总是摊开双手，给人一种开放的亲切感。
4 号浪漫主义者	站立、坐卧时均以舒服为原则，会有不合礼仪的举动；说话时眼神会随着情绪变化，时而忧郁，时而激昂，时而悲伤；习惯安静地坐着、倾听或冥想；在陌生人面前往往表现得很冷漠、神秘、高傲；总是一脸忧郁，充满痛苦又内向害羞；在受到强烈的情感刺激时，可能会做出夸张的举动，也可能会暗自啜泣。

5 号观察者	仪态僵硬；喜欢安静地坐在角落，不希望引起别人的注意；当他们行动时，习惯径直接近目标；时常眼神空洞、迷离，很少带有情绪；与人交流时，他们大多面无表情，只是安静地倾听着，偶尔会微微点头；感到无聊时，喜欢沉思、皱眉、挠头、在纸上画东西等。
6 号怀疑论者	会有肌肉紧绷、双肩向前弯的表现；有慌张、避免眼神接触的面部表情，有时会瞪起眼睛盯着别人；感到紧张时，会出现吞咽口水等动作；眼神总是焦虑不安的，颧骨部位的肌肉总是紧张的，即便在笑的时候也是如此；眼神不断移动，时刻环顾周围的细微变化；行走、站立以及坐卧都会表现得局促不安，更不喜欢与人靠得太近。
7 号享乐主义者	充满活力，常因关注环境中一切有趣的事情而走神；不喜欢长时间坐卧站立，难以安安静静待在一个地方；走起路来给人风风火火的感觉，似乎总是在蹦蹦跳跳；眼神和面部表情非常丰富，从不掩饰自己的喜怒哀乐；手势不断且夸张；有时候会露出不屑的表情，也会经常瞪着眼睛去看人。
8 号领导者	站立或坐卧时习惯向后微倾，不动之中自有威严；走路时习惯抬头挺胸，双臂摆动幅度很大；情绪稳定时喜欢安安稳稳地坐在那里，双手抱在胸前；情绪高涨时他们会手舞足蹈，采取各种夸张的动作；目光中显露着霸气，看人专注，习惯直视对方的眼睛；面部表情露出自信，微笑中带有威严和霸气，但不严肃。

9 号调停者	面容和善，保持微笑，很少大喜大怒，即使生气也只是面容稍稍阴沉；动作迟缓，身体柔软无力，给人一种东倒西歪的感觉，慢走多于快跑、站多于走、坐或躺多于站。

九型人格谈话方式测试

九型人格理论认为，具备不同人格属性的人会表现出不同的谈话方式，因此人们可以根据自己及他人的谈话方式来判断自己及他人的人格类型。

观察一下，你经常使用下列哪种谈话方式。

直来直去，不讲情面，一针见血，直接触及问题的核心；不幽默、不做作，不喜欢噱头；语言简洁而有力，指令清晰、干脆利落，没有拖泥带水、模棱两可的语句；喜欢面对面的直接沟通。谈话主题常常为做人做事，而且常用"对／错、应该／不应该、好／不好、必须／否则、一定要／不可以、肯定是／不可能、按照规矩／制度／规定／标准／规范／流程／原则"等词汇来表明做人做事的原则或标准是什么。	1 号完美主义者

时刻呵护他人，常常说："你坐着，让我来；不要紧，没问题；好，可以；你觉得呢?"不断向他人索取赞美或认同，经常会问孩子："爸爸／妈妈好不好?"也会问爱人："你爱我吗?"喜欢对他人的观点表示赞同，常常说："你说得对啊。""就是啊。"否认自己有不好的情绪，对别人的关怀常常回答："没有，怎么会呢?"感到自己被背叛时，性格就会变得暴躁起来，态度也变得强硬，会用命令的口气对他人说："你，去给我倒杯水。""快把这份文件打印 10 份。"	2 号给予者
语速较快；喜欢用简单的字词、句子，常说的字词包括目的、目标、成果、价值、意义、抓紧、浪费时间、做事情、行动、赞扬、认同、能力、水平、第一、最好、竞争、面子和形象等；声音洪亮，喜欢采用抑扬顿挫的语调；说话时非常有逻辑、有效率；不喜欢谈论哲学话题，不喜欢和他人进行长时间的对话；避免谈论显示自己消极一面的话题或一些自己知之甚少的话题；认为对方没有能力或不自信时会变得不耐烦；说话时喜欢配合相应的身体语言，讲到高兴处，常常眉飞色舞、手舞足蹈。	3 号实干者

语调柔和；喜欢用柔美、哀戚的词汇；言语中总是透露着一股忧郁的气息；话题往往围绕自己展开，总在描述自己的感觉，尤其是那些悲伤、痛苦的感觉；最常用的词汇包括"我""我的""我觉得""没感觉"等；说话时较少配合身体动作，但是有着丰富而快速的眼神变化；喜欢用形容词表达自己的情绪，如"今天的天真蓝啊！""水真绿啊！"	4号浪漫主义者
很少说话；与人交流的语气是非常平淡和没有感情色彩的，讲话非常有条理；常说的词汇包括"我想""我认为""我的分析是""我的意见是""我的立场是"等；在与人交谈时，总是言简意赅，直奔主题；在谈到学术性话题或自己感兴趣的方面时会变得滔滔不绝，遇到自己不喜欢的话题或是无聊的话题时，就会沉默寡言，或敷衍地说几句。	5号观察者
讲话的时候声音颤抖，久久不切入正题；经常使用"慢着""等等""让我想一想""不知道""怎么办""但是"等词汇；语调比较低沉，节奏比较慢，谈问题时兜兜绕绕，很少切入正题，常从旁敲侧击的角度，去探测对方值不值得信任；话比较多，特别是当他们想问一个问题和验证一件事情的时候，他们会不断地说来说去，话语中充满着矛盾；话语中理性、逻辑的成分非常多，甚至是情感、情绪也以逻辑的形式表达；话语中有很多转折词，如"这样很好……不过……""虽然……可是"等等。	6号怀疑论者

语速很快，声音洪亮，富有活力和激情；讲话幽默，语调欢快，亲切有趣，善于调动气氛；说话容易偏离主题，在讲一件事情的时候，突然就开始讲述另外一件事，或者讲述这件事中一个特别的细节；常常喜欢自己一个人说，且很难耐心倾听别人讲述一件事情，甚至经常打断对方，努力把话题引到自己感兴趣的领域；说话直来直去、一针见血，常常会说出一些可能让别人难堪的话，显得刻薄；经常用的词包括：快乐、开心就好、无所谓、没事的、这事还没完、快点等。	7号享乐主义者
没有耐心倾听别人的观点；喜欢直截了当地沟通，讨厌说话拐弯抹角；言语激进偏执，具有攻击性和煽动性；说话很有自信，显得强悍和霸道，常常说"你为什么不""我告诉你""跟我去"等话语；愤怒时会对人大喊大叫，并伴有夸张激烈的身体语言，直到完全控制局面为止。	8号领导者
习惯于肯定对方的观点，常常会用"嗯，嗯，嗯"表示自己的赞同，他们也会不断地给出正面评价，如"你说的话太对了""是这样的"，或者不断重复对方的观点；谈话时节奏较慢，语气不坚定，常常在询问，很少做出肯定的判断；有时候思路不清晰，谈的东西天马行空，好像没有中心思想，有点啰唆。	9号调停者

第二章

1号人格:追求极致的完美主义者

1 号性格特征全方位透析

完美主义者他们勤劳工作、有正义感、完全独立，并且坚信朴素的思想和善良必将战胜人性的阴暗面。他们相信生活是艰难的，安逸是用汗水换取的，德行是对自己的奖赏，而快乐只有在其他事情都完成后才能获得。

完美主义者通常不会注意到他们否定了自己的快乐。他们只关注于他们"应该"做和"必须"做的事情。他们很少会问自己真正想要从生活中得到什么。他们自身的期望从小就被封闭起来，他们只知道去做正确的事情，却不知道自己期望什么。

在完美主义者看来，到处都是提高和改进的空间，一些严重强迫型的完美主义者会把大量休息时间花在自我提高上面。

坐公共汽车对他们来说，意味着练习正确的坐姿。

用午餐对他们来说，必须一口咀嚼 10 下。

自由时间对他们来说，就是去做一些具有建设性或教育性的事情。

1 号性格者认为他们的内心有一位严厉的批评家。这位批评家手握戒尺，时刻都在监督他们，因此他们总是处于自责之中。对于我们大多数人来说，这种自责的声音只会在我们犯下严重罪行时才会出现，但是对于 1 号完美主义者来说，这种自责声与他们的思维相伴，尽管他们明白这种声音是发自内心，他们更愿意把它视作某种外来的声音。

内在的评判家经常会对 1 号的言行举止做出评价。比如，如果 1

号正在举行一个讲座，内在的评判家就像一位严师，不断地指出 1 号的问题："你的观点应该更精确些，你的声音有鼻音，不要跑题！"

正是因为童年时对批评的害怕，让 1 号性格者培养了内在的监督体系，来自动监控自己的所思所言，所作所为。

1 号性格者总是把这种强大的内在评判声看作更高层面的自己，一种超越正常思想的思想，但实际上，这种内在的监控依然源于他们自身的思想。尽管他们也明白这一点，但他们还是更愿意把这种内在的监督视作某种更高层面的存在。

1 号性格者常说，他们的思想决定了他们的感受。当他们的内在批评声十分强烈时，他们会十分憎恶那些违反规则，又没有自责表现的人。完美主义者总是在努力实现自身对完美的要求，他们感到有一种力量推动着他们变得更好。

对于 1 号性格者来说，内在的评判力量是如此强烈，以至于他们相信其他人也一样拥有这种内在的监控力量。所以，当他们发现其他人会为了自身的乐趣而去做不正确的事情时，1 号性格者会把这种行为看作蓄意的欺骗。

一个完美主义者的注意力被完全集中在应该做和必须做的事情上。他们的大脑中已经没有空间去关注他们自身的希望。因此，他们总是不满，不满实际上代表了长期的恼怒感。不满，说明他们并没有完全忘记自己的真正需求，而是在为了满足内心的批评声而强迫自己努力工作。

1 号信奉"后天下之乐而乐"的思想。也就是说，只有在生活已经稳妥，任务已经完成后，个人才应该考虑自己的休息和乐趣。他们的时间总是被安排得满满当当，而且时间表上的每一项都是为了实现完美而和谐的生活：音乐时间、锻炼时间、学习时间、看望生病的朋友等等。 他们的时间总是由日程表控制的，一个个单元格有效地消灭了空闲时间，让真正的需求无法出现。

一位年轻的完美主义者是这样描述她去艺术学院之前所做的准备工作的：

"我特别想上艺术院校，为此专门花了两年的时间上预备班。但是我要求我的每一步决定都必须完美无缺，结果我至今还没有正式提出入学申请。首先，我必须解决我的艺术理念与政治信仰之间的矛盾。从我的政治观点来看，我的艺术表达过于放纵，所以我必须调整自己的艺术思想，使之符合我的政治信仰。其次，我还要处理我对绘画的喜爱与我的其他爱好之间的矛盾。绘画是一个安静的职业，但是我喜欢大自然，喜欢户外运动。我还要检查我的精神信仰，选择与之相符的艺术主题。在我填写入学申请之前，我必须把我的整个世界观都调整好。"

这位有心学艺术的学生在专注于自己的热爱、期望以及绘画给她带来的快乐之前，必须服从于自己内心的评判。 在那个时代，跳舞和游戏都是禁止的，因为这些活动会带来快乐和激情，超越了内心审查体系的限制。

完美主义者的世界观来自于这样一个假想：世界上的每一个问题最终都有一个正确的解决办法。 他们把这种唯一的正确性视作追求的目标，不管有没有其他更吸引人的方式。

这个世界上可能存在很多种正确的解决途径，对于这个人正确的办法也可能并不适用于其他人，但是完美主义者不会接受这样的思想，他们只认定一种正确的方法，并认定这种方法是绝对正确的，其他想法在他们眼中就统统变成了无稽之谈。 在他们看来，如果所有人都能随心所欲，高兴怎样就怎样，那还有什么力量能够阻止邪恶来破坏所有的美好呢？

1号性格者的问题通常集中于愤怒和情感上，因为童年的时候，他们曾经在这些问题上遭受惩罚。 一般，他们不知道自己什么时候会生气。 即便他们的面部表情已经是咬牙切齿，他们也不会发现自己被激怒，因为在他们的感知中，"坏"情绪是被封闭在意识之外的。 在小组讨论中，一位满脸涨得通红、言词尖锐的1号，可能在提出了一大堆批评意见后，还没觉得自己发怒了，他感觉自己不过强调了几个要点而已。

愤怒是一种"坏"情绪，他们不喜欢。 所以1号性格者通常不会发觉自身的不满，除非他们确定自己是绝对正确的。 这时，他们的身体中会产生强大的能量，他们内心的自责逐渐消退，压抑的愤怒被释放出来。

对于成熟的1号性格者来说，这种能量可以用于更高尚的目标。 他们会在他人追逐金钱和名誉的时候，无私奉献在人道主义工作的最前沿。 但是对于不成熟的1号性格者来说，同样有价值的目标，只会为他们提供一个所谓的"正义平台"，让他们能够站在上面大声宣布：你们都是错的！

一个完美主义者的心房就好像一栋拥有地下室的房子。 内心批评家是这栋房子的主人，但是这位批评家没有意识到栖息在地下室里的情感有时也会膨胀，从地板里漫溢出来。 如果内心的情感蔓延得太快，完美主义者就有可能把接受不了的情感倾泻出去。 通常的做法是把注意力集中到他人的错误上，或者用酒精来麻醉自己，让内心的批评家昏睡过去。 狂欢式的喝酒、间隙性的发怒以及时常的亲密性行为，这些都是 1 号为了释放压力、摆脱内心的莫名需要而经常做出的举动。

对于有些完美主义者而言，为了平衡矛盾，让住在房间里的内心批评家和藏在地下室里不被察觉的情感能够和睦相处，他们会选择在地板上安装"活动门"。 也就是说，他们会时不时地打开门，到地下室去看一下。

这样的完美主义者会变成"双面人"。 他们会产生两种不同的生活方式，拥有两种截然不同的性情，一种针对于"我熟悉的地方"，另一种针对于"遥远的地方"。 在那些他们熟悉的地方，他们是负有责任和受人尊敬的；但是在远离家人和朋友的地方，他们会变得更加放松，甚至放纵。

这种"活动门"的表现形式有很多。 有非常简单的，比如到一个完全陌生的地方去度假，把所有责任都抛开；也有非常奇怪的角色组合，比如一个人既是图书管理员，又是一名摇滚歌手，或者既是商贩，又是小偷。

有一种解决这种上下层矛盾的方法就是宽容。 只要承认了错误，内心的批评家就会平静下来，在宽容的环境中他们更容易发现自己的缺点。 这种宽容的关键在于，在他们承认错误的同时，不要让他们感到因为自己的错误而受到污辱或惩罚。 只要他们能够承认错误，在弥补错误时，他们就是"九型人格"中最具有耐心和建设性的人。

当他们心怀感恩时，他们就会从一份出色完成的工作中感到快乐。 其实一些很简单的事情就能激发 1 号性格者的完美感：一间收拾干净的屋子、一个结构工整的好句子、谈话中某个感觉良好的时刻等。

1号性格者的主要特征	内心的正确标准变成严格的自我要求，不断产生自责的思想。
	有一种强迫性需要，只接受正确的事情。
	做正确的事情。
	在自身的高层道德和伦理观念上拥有坚定的信仰。 要做一个更好的人，要求自己做芸芸众生中少数的能做正确事情的人。
	对于那些不符合正确标准的需要置之不理。
	在思想上把自己同他人比较："我比他们强还是差?"在意他人的批评："他们在评判我吗?"
	做决定时犹豫不决，害怕做出错误的决定。
	不切实际的社会改良家，把因为自身需要未被满足而产生的怒气转移到其他外在目标上。
	发展出两个自己：一个事事操心的自己，住在家里；一个尽情玩乐的自己，出现在遥远的陌生地。
	通过改正错误而获得关注。
	超强的批评力量。
	意识到潜在的完美可能，变成事后诸葛亮，"想想看原本该是多么完美"。

相处之道：学会理性与包容

1. 容忍 1 号的吹毛求疵

1 号完美主义者追求的是心目中的完美，因此在现实中他们常常不遗余力地强调某件事应不应该做，应该怎么做或者不应该怎么做，这常常使他们给别人留下一个"吹毛求疵"的挑剔印象。

处理一件事情时，1 号完美主义者总是要再三地审查才将其放行；在谈话或会议中，发言最多的肯定也是 1 号完美主义者。 过于挑剔的他们经常会说一些这样的话："虽然我不是领导，但是看到你们不能遵守规则，我也很气愤，请按照规定来做，就这么简单，为什么你们就做不到呢？" "开车一定要遵守交通规则，否则不但危险，还会造成交通堵塞，难道你们不知道吗？" "你看你随随便便的，这样衣着不整，把自己搞得邋里邋遢的，怎么见人啊，怎么就那么随便呢？" "你这个人总是不遵守规则，老是迟到，老是犯错误，而且同样的错误会犯好几次，这么简单的事情都做不好，还能做什么呢？"

总之，他们在沟通的过程中常常过于关注黑点而忽略了黑点周围的光芒，这样的沟通模式常常会让周围的人感觉到压力，甚至选择逃避和离开他们。 例如，1 号完美主义者类型的父母就常常为他们的孩子制订严苛的教育计划，从而引起了孩子的反感和对抗。

"我的父亲对我要求十分严格，他总是拿我跟周围的孩子做比较，不是跟某一个孩子比，而是拿周围所有孩子的优点跟我一个人比：谁谁谁胆大啦，谁谁谁动手能力强啦，谁谁谁力量大啦……要我集万千优点于一身。然而，人无完人，谁也不能在各方面都胜过其他人。不仅如此，别人没有的优点他也希望我有：作文、珠算、书法……他希望我十全十美，但我在这些方面从来没有让他满意过。在他看来，事情总是简单不过的，只要肯努力，就没有办不到的事。仿佛我没有达到他的要求，都是我的过错，是我没有努力。他不断地苛责我的无能，使我变得越来越自卑，甚至因为觉得自己一无是处而想要自杀。当我进入青春期后，我不再默默忍受父亲的苛刻，转而开始和他对抗，这使得我们父子间的关系十分恶劣。在我高考失利后，父亲出乎意料地没有责骂我，而是和我深谈了一次，并为以前对我的苛刻态度道歉，此时我才发现，父亲苛责的背后是对我深深的爱。"

故事中的父亲是一个典型的 1 号完美主义者，但他挑剔的背后是对儿子深深的爱，因此他才竭力地想告诉儿子什么是正确的道路，什么是错误的道路，只是他忽略了儿子作为一个个体存在的特殊性，他的思想不能替代儿子的思想，儿子的人生要由他自己来决定。儿子也应该看到父亲苛责背后的关爱，而不要曲解父亲的苛责态度，这样才能在彼此间建立和谐的关系。

因此，人们在和 1 号完美主义者沟通时，需要明白：尽管他们常常提出很多的"应该"以及"不应该"，但是他们的怒气常常是针对某件具体的事情而言的，并没有完全否定另外一个人的意思，这样人们就能够容忍和理解他们的吹毛求疵，更多地将他们的这种挑剔看作是促使自己前进的动力。

2. 用逻辑分析取信于理性的 1 号

1 号完美主义者重视原则和真理，他们对于事物的看法常常出于理性而不是感性，在与人沟通时，他们更欣赏能够理性思考的人。

1 号完美主义者对人的信任可以分为三个层次：第一个层次是认知信任——它直接基于事实和逻辑思考形成，而这种强调事实和逻辑的沟通手段正好满足了 1 号完美主义者重理性、重分析的个性；第二个层次是情感信任——在和你交往过后，感觉你提供的信息和事实符合他的要求，便可能形成对你在感情上的信赖；第三个层次是行为信任——只有认可了你提供的信息以及做事说话的行为风格后，行为信任才会形成，其表现是长期关系的维持和重复性交往的产生。

因此，人们和 1 号完美主义者进行沟通的时候，一定要重视逻辑分析，不要和他们云里雾里地谈人生感受，或者逻辑混乱地谈论某件事情，否则会让他们感到厌烦，你们的沟通也不会愉快。

培养逻辑分析的能力，需要养成从多角度认识事物的习惯，全面认识事物的内部与外部之间、某事物同他事物之间的多种多样的联系。要多角度认识事物，首先要学会"同中求异"的思考习惯：将相同的事物进行比较，找出其中在某个方面的不同之处，将相同的事物区别开来。同时还必须学会"异中求同"的思考习惯：对不同的事物进行比较，找出其中在某个方面的相同之处，将不同的事物归纳起来。此外，还需要多了解一些思维发展的理论知识，并经常对理论知识进行形象加工，形成正确的表象，有意识地用理论指导自己的逻辑推理能力，更要学会用意识去调节和控制自己的情绪及心境，使自己保持平静、轻松的情绪和心境，提高自己逻辑推理的水平和质量。

总之，当你具备了一定程度的逻辑分析能力时，你就有了取信于理性的 1 号完美主义者的条件。

3. 面对固执的 1 号，沉默是金

1 号完美主义者常常固守在自己思想的围城中，一旦他们认定了某件事情，常常会划定一些原则和方法，划定一些所谓的标准流程和核心价值观，在他们的心目中，这些东西是完全正确的，是不容置疑的。对于与自己不同的观点，他们的耳朵就像躲在密不透风的墙壁后边，不管你说什么，他们都坚持认为自己的决定是最正确的选择。这就是人们常说的"固执"心理。

从心理学的角度分析，固执指的是人们在认知过程中无法将客观与主观、现实与假设很好地区分开来的心理现象。如果人们将自己这种已有的经验凌驾于现实之上，并过分固化的话，就产生了执迷不悟。也就是说，人本身对事物是有自己的认知的，对事件的态度是由自己的评价来决定的，而且这种评价依赖于其自身的经验。1 号完美主义者拥有极强的优越感，这使得他们对待事物的态度更多地由自身的经验主宰，而可能忽略了因时因地而异的客观因素，常常犯错而不自知。

因此，当我们在意见上和 1 号完美主义者有分歧时，最好不要针尖对麦芒地和他们争辩，因为他们从来都对自己的观点有着盲目且绝对的自信。

有一个人很爱看电视，但他不知道电视机的工作原理，他相信那个小盒子里肯定有许许多多的小人儿，不停地高速运转来更换图像。某一天，他遇到了一个工程师，就向工程师请教电视机的工作原理。工程师生动浅显地为他讲解电视机的频谱、发射、接收、信号扩大等知识，这个人也听得很

认真，不停地点头。最后，这个人说他很满意，完全明白了这个工作原理。然后他问："我觉得说来说去，也就是说那小盒子里其实只有很少的几个小人儿，对吧？"

故事中的这个人就具有 1 号完美主义者的典型心理——固执己见，即便工程师详细地为他讲解了电视机的工作原理，但他还是坚持自己的观点。 面对这样固执的 1 号完美主义者，解释再多都是白费口舌，还不如沉默。

当然，我们也可以试着温和地、有技巧地引导固执的 1 号完美主义者赞同我们的看法，但如果多番努力后依旧无效，还是放弃为佳，以免引发争辩，破坏彼此的关系。

4. 对好为人师的 1 号宽容一些

1 号完美主义者有着强烈的优越感，这使得他们总将自己看作是能够拯救世界的那个人，因此他们总是制订并总想达到最高标准的目标，不仅要求自己追求这些目标，还要求他人也追求这些目标。但他们忽视了每个人的能力是不一样的，他们所设定的标准超出了一般人所能接受的，因此极容易给他人造成一种压力。

由此可知，1 号完美主义者是个希望身边的人及事物变得更加美好的理想主义者，因此他们会主动纠正别人的错误行为，总是以"我是为你好"的出发点给别人提许多意见。 其实，他们并非想炫耀自己的能力，只是希望帮助你改掉"不正确"的想法或行为罢了。

古人曾说："人之为患，在好为人师。"为什么古人要说"好为人师"是一种"患"呢？ 就是因为他们早已发现这中间的泛爱倾向——看起来他是这么地关心你，似乎在设身处地地替你着想，其实他们所宣泄的忧虑、担心、不满等，都是他们自己的问题。

因此，人们在和1号完美主义者交往时，不仅要懂得宽容和欣赏他们好为人师的心理，还要帮助他们明白：也许你的标准很好，但不一定适合所有人。 只有这样，才能帮助1号完美主义者树立正确的价值观，懂得尊重他人的想法，看到他人价值观中优秀的部分，认识到自己并不是绝对正确，并要求他们和他人建立真正和谐的人际关系。

5.用小幽默使高度紧张的1号放松

1号完美主义者为人谨慎、墨守成规、太过理性，常常对自己和别人要求很高，结果总是批评别人不好，怀疑和否定自我，缺乏自信心，常常因此而无法接受自己，容易因强烈矛盾的内心冲动而崩溃。 在这样高度紧张的心理状态下，1号完美主义者往往会成为一个行为刻板的人，缺乏一些轻松与幽默。

因此，人们在和1号完美主义者相处时，可以适当表现出一些幽默感，这样就可缓和他们的紧张情绪，引导他们放松，为深入沟通做好铺垫。

要缓解1号完美主义者高度紧张的心理，人们需要使用幽默这门艺术，因为幽默的语言能够引发人的良好情绪，幽默是人际关系的催化剂。 虽然1号完美主义者并不具有丰富的幽默感，但是他们对于机智和充满关怀的幽默语言并不反感，相反他们会在幽默的空间里享受到一些乐趣。

但需要注意的是，幽默不能流于浅薄，否则1号完美主义者会有被侮辱和不被尊重的感觉。

管理 1 号人格员工的妙方

　　作为完美主义者的上司，了解他们的禀性和所思所想对于双方之间的沟通大有裨益。 只有更好地认识他们、了解他们，你才能顺利地管理好他们，使之为自己所用。 首先，你要明白完美主义者都很自我，他们不会委曲求全，也不可能被驯服，要想使他们服从，方法只有一个，那就是使他们对自己敬服。 其次，你要掌握好批评的尺度，完美主义者自尊心极强，过度的批评会挫伤他们的自尊心，所以用委婉的方式与其进行沟通效果会比较好。 具体来说，需要注意以下事项：

　　1. 下达指令时用词要精确，避免出现歧义。 完美主义者的思维方式趋于理性，思考任何问题都会探求里面的内在逻辑。 所以当你把工作分派给他们的时候，用词一定要准确、言简意赅，否则他们就可能理解错误，从而把工作搞砸。 一般情况下，完美主义者工作起来有条不紊，不需要上司浪费太多的时间去监督。 他们有自己的目标和规划，会根据工作的需要自发地制作各种明细表，让人看起来一目了然。 所以，与完美主义者共事，一定不要发出模棱两可的指令，他们需要得到的是肯定的、毫无异议的工作方案，而不愿意耗费时间去揣摩和猜测无效信息。 如果你忽略了这一点，势必造成人力和物力的浪费。

　　2. 不要用权威压制完美主义者，要用事实说服他们，使之心悦诚服。 完美主义者具有不妥协的个性，他们认定的事绝不会轻易做出改变。 他们素来看不起那些卑躬屈膝和逢迎附和的人，当他们觉得你做得不对时，便会断然拒绝你的要求。 你若认为权力就是万能的魔术棒，在他们的身上也一样奏效，那就大错特错了。 在人格上，完美主义者是骄傲的、不屈的，他们绝不会像其他人一样拜倒在权威的脚下。

倘若你用权威压制他们，那么你得到的将是顽强的反抗，导火索一经引燃，你们就会变得水火不容，接下来他们便会愤而辞职，这时候你会为公司失去了好员工而痛心，虽然他们倔强的脾气让你有些吃不消。 所以，管理完美主义者，要"晓之以理，动之以情"，只有这样才能打开他们的心结，并使之心悦诚服，也只有这样，你们之间才会冰释前嫌，进而愉快地相处下去。

3. 要注意疏导完美主义者的情绪，让他们表达自己的不满。 完美主义者的情绪通常情况下比较压抑，但是你不要以为他们过着波澜不惊的生活，就一定是心如止水。 事实上，完美主义者就像神秘的海洋，表面上风平浪静，实际上内心深处早已波涛汹涌。 他们的感情之所以不外露，是因为他们认为随意发怒是一种病态和缺陷。由于他们渴望保持完美的形象，所以会坚决杜绝公开表达愤怒的做法。 久而久之，所有的不满沉在心底形成一种无形的力量，等到忍无可忍的那一天，这种力量就会以咆哮的形式爆发出来。 这时候你会觉得困惑不解，平素温文尔雅的人为什么会突然大发雷霆，简直莫名其妙。

坏情绪会影响工作，对完美主义者而言也不例外。 因此作为上司，你要注意疏导他们的情绪，私下里多与他们交流，让他们尽可能地表达自己的不满，只有这样才能使他们从糟糕的阴影下解脱出来，从而提高其工作效率。

与1号人格上司相处的艺术

作为完美主义者的下属，你需要根据他们的性格特征和心理特点来总结与之和谐相处之道。首先，你要明白他们并不是一群无法让人理解的自虐狂和虐待狂，他们固然有时候情绪激动、讲话刺耳，但这一切都是由他们追求工作的完美所致，所以要从客观的角度来分析他们，并要站在他们的立场上考虑问题。其次，要知道他们求全责备并非为了个人利益，而是为了公司的整体利益着想，所以如果与他们发生了什么不愉快或是口角，不要把工作上的分歧转化成私人恩怨。具体来说，需要注意以下事项：

1. 汇报工作时语言要清晰、直白，富有逻辑性。完美主义者的思维比较活跃，并且极富逻辑性。他们希望自己的下属工作起来井井有条。倘若你汇报工作时语言逻辑混乱、条理不分明，就会招致对方的反感，因为他们会认为这是你能力不足的表现。因此，汇报工作时语言简洁清晰十分重要，只有这样你才能赢得对方最起码的信任和好感。

与完美主义者相处还要注意的一点是，讲话要开诚布公，不要拐弯抹角。完美主义者素来性情豪爽，喜欢开门见山。如果你讲话有所保留或是话里有话，他们就会觉得你在自作聪明或是玩弄伎俩，对你的印象就会很差。完美主义者最讨厌的就是那些华而不实、喜欢夸夸其谈的人，所以作为他们的下属，你要做到的是用行动和实力来证明自己。

2. 上班要守时，不要迟到。完美主义者最不能容忍的就是上班迟到。在他们眼里，上班迟到就是散漫、慵懒的表现。他们平素就讨厌那些对自己毫无要求，对待工作得过且过、漫不经心的人。迟到，在他们看来不仅是无视公司的纪律、无视上司的表现，还是消极怠工、自私懒散的行为。因此，他们决不允许这样的事一而再、再而三地发生。如果你迟到一次，他们会提出批评；如果你迟到两次、三次，甚至更多次，他们就会觉得你简直无可救药。

上班守时是作为一个员工最起码的要求。在完美主义者看来，从一个人守不守时完全可以看出这个人的职业素养和道德品质。如果他们的下属经常迟到早退，他们最直接的做法就是请这个人另谋高就；如果他们的下属经常踩点上班，他们就会认为这个人不求上进、斤斤计较；如果他们的下属总是迟到几分钟，他们会感觉十分不高兴。不要以为迟到几分钟没什么大不了，殊不知在完美主义者眼中迟到是十分忌讳的事。

3. 当工作失误时，要勇于承担责任，不要狡辩。完美主义者具有很强的责任感，因此十分欣赏与自己一样对工作高度负责的下属。如果你的工作出现失误，切记不要急着为自己争辩，因为在完美主义者眼中，勇于负责的人才是值得欣赏的，而推卸责任是不足取的。记住，在犯错后只要你坦然承认自己的过失，他们虽不会既往不咎，但是火药味也不会太浓，你们之间发生激烈冲突的可能性就会大大降低。

不要试图让完美主义者认为一切的失误都是由客观原因造成的，因为在他们的意识里，早已习惯了将所有的客观原因忽略不计，他们理所当然地认为所有的理由不过是一堆自欺欺人的借口，而你的辩驳在他们的面前只会变得苍白无力。所以，对你而言，勇于承担责任是一种明智之举。

1 号人格客户的破解之道：破刀式

完美型客户就像木匠手里的刀具，也像雕塑师手里的雕刻刀，又像大夫用的手术刀，随时随地会拿刀对身边的人和事进行精雕细琢，只不过这个精雕细琢是按照他自己认为的规则和道义来进行的。因此针对完美型客户要用破刀式来破解。

1. 破刀式之合乎情理、遵从道义法

力求让你的产品完全符合理法情，师出有名。切记，要想他们购买你的产品，首先是道理上说得过去。合乎道理，购买有名是他们能购买你产品的正当理由，其次是合乎法律，最后还要感情上说得过去。但是对于完美型客户来讲，感情是最后一位，因此你一开始不能用中国的老传统，希望通过拉关系来打动他们。因为他们非常自律，重视道德和合理化，如果一上来就用拉感情、套近乎、托人送礼攀关系走后门等这些中国传统的关系处理手段，往往可能会适得其反。

清朝曾经有一个主管土木工程的清官，当时慈禧太后正在筹建颐和园，由他主管这个工程。有个商人想趁此机会介入这个工程，大赚一笔，因此准备了巨额厚礼行贿。可惜这个官是个清官，坚决不收一分钱的礼物，而且因为他送礼的缘故，反而对他疏远了。这个官员是一个典型的完美主义者，非常在意这些不守规矩的事情，因此自然会拒绝他。

但是这个商人并没有放弃，在试用了多种方法都不行的

情况下，他了解到这个清官很孝顺，重视家族，还没有家谱。于是他请名匠精心为这个官员打造了一部精美的家谱，送给这位清官。这位清官见之大喜，就收下这份礼物，并且一定要把花费的银子给商人。之后，工程需要木料时，商人再找这位官员，就用了他的木材。这位木材商成功介入了这项工程中，大大赚了一笔。

2. 破刀式之完美无缺法

你提供的产品一定要在使用上达到完美无缺的程度，让他们挑不出任何缺陷，或者是完全符合完美型客户的挑剔要求，否则他们会拒之门外。

3. 破刀式之层层递进法

因为这种类型客户注重全方位的层级管理，如果是集团客户或公司客户，你要先做到层层递进，一步步从下面把工作做扎实，取得下面的认同，如果下面有一个客户不认同，出现异议，就会影响到最后决策。

4. 破刀式之激情演绎法

完美型的人因为长期压抑自己性格中不理智的一面，因此常常觉得自己很累。他们其实也有自己激情和感性的地方，只是碍于自己的高标准和严要求，碍于别人的指责和自己良心受到的谴责而压抑了。所以他们中的一部分有时会希望自己可以摆脱这种负担，会欣赏那些有创意、敢作敢为、充满激情和活力的人。如果他们自己做不到，就会寄希望于自己欣赏的人，或者他们自己会把这种期望通过寄托于某人而实现。因此你在他们面前不妨也表现得激情和豪放，让他们感受到你的真诚与魅力。 这样他们就有可能会被你打动，进而产生购买行为。 笔者曾经用这种方式打动了一家规模比较大的企业老板。 一开始我拜访了他们的车间主任、厂长以及材料采购处，结果被拒绝，他们也认为我公司的产品不错，他们建议我以后有机会去找他们的董事长。 第一次去见董事长，他很威严，不苟言笑。 于是我用了很激情的方式向他展示我公司产品有多么棒，会带给他们什么好处。 令人意外的是，他竟然采纳了我的建议，使用了我的产品。

5. 破刀式之攻心为上、投其所好法

这是一个亘古不变的好方法，对任何人都会行之有效。 对他们要充分赞美，肯定他们做事的方式，尊重他们的界限。 然后再采用其他办法，就能很容易让他们买单。

第三章

2 号人格：最受欢迎的博爱主义者

2 号性格特征全方位透析

1. 世界观

大家需要我的帮助。 我是受欢迎的。

2. 精神通道

2 号性格者总是想要讨好他人，这是一种对意愿的追寻。

从精神层面来看，当儿童学会了去讨好他人，开始为他人的意愿服务时，他们自身的高层意愿就受到破坏。

2 号的性格特征倾向于有策略地模仿高层意愿的行动。 从孩童时代起，2 号所关注的就是如何通过讨好他人来保护自己，同时又不至于完全丧失自我。

3. 关注点

（1）想要获得肯定，不愿被拒绝。

（2）会因为被他人需要，成为他人生活的中心或者生活中不可缺少的一部分而骄傲。

（3）在生活的三个关键领域表现出骄傲感。

（4）在一对一情感关系中表现得具有进攻性、诱惑性。

（5）在社会舞台上表现得野心勃勃。

（6）在自我生存上表现出优越特权感。

（7）难以认识到自己的需要和意愿。

（8）为了获得爱而压抑自己的感觉。

（9）操纵他人来获得所需。

（10）能够表现出多个自我，每一个自我都与他人的某种需要相联系。

（11）对多个自我感到困惑。 "哪一个才是真正的我呢？"

（12）能够看到他人的潜力，也能够被他人激发出自身的潜能。

（13）渴望自由。 觉得自己为了支持他人而受到约束。

（14）变化自我形象来迎合他人需求。

（15）能够体察他人的感情，或者为了满足他人的愿望而改变自己，以此来争取或维系他人对自己的爱。

4. 性格倾向

当注意到他人的潜能，并真心诚意想要帮助他人时，2 号便会变得慷慨大方，被他人的奋斗过程所感染，把他人的成功看作自己的成功，把他人的需要看成自己的工作，并且不去考虑回报。 当看到自己的付出能够满足他人的需要，能够有所影响时，一种感激的快乐油然而生。

对于 2 号性格者来说，自己的生命之窗就是朝向他人打开的。2 号关注的是他人的想法、他人的潜能、他人的需要。 在 2 号的生长环境中，讨好他人是一种谋生技巧，2 号就是通过这种方式来满足自己的需要。 成年以后，他们也会自然而然地向他人靠拢。 为了得到认可，他们会与周围的人拉帮结派。 在团队中，他们必须是不可缺少的成员。 这种对地位的追求可以是完全无意识的。 他人的需求被大声说出来，而 2 号则忙着改变自己来满足这些需求。 他们通过改变自己来让他人高兴，他们非常愿意为他人提供支持，并因此感到骄傲。

当有人对他们特别崇拜时，他们就会产生这种得意洋洋的骄傲感。 2 号的注意力被这种感觉牢牢吸引，他们不断改变自己来迎合这种感觉。 如果这种讨好他人的做法变成了一种习惯，他们的自我观察就停止了。 他们不知道自己在帮助他人的同时，已经忘记了自己的需要，已经改变自己真实的状态。 他们只知道，被拒绝的感觉就像世界末日一样，因此他们需要不断得到他人的肯定。 被拒绝的感觉是如此痛苦，所以2号努力让自己成为受欢迎的人。 他们积极寻找能融入到他人中间的方式，很快，他们成了人群中的活跃分子，他们消息灵通，八面玲珑，似乎谁也离不开他们，但是他们却失去了自己。

2号要想成长，就要学会去发现他们想要的东西，学会独立。当他们发现了自己对他人的真实价值，他们可以选择是否满足他人的需要。 真正能够帮助2号的人，是那些不会被他们的改变所诱惑的人，那些不会因为2号的给予才爱他们的人，那些能够在2号孤独一人时，帮他们度过危机的人。

5. 分支性格关注点

骄傲会影响2号性格者对两性关系、社会关系和自我生存的态度。

在一对一情感关系中表现出诱惑性和进攻性。 在一对一的情感关系中，骄傲来自于为诱惑他人而进行的改变。 2号性格者为了让自己变得更具魅力，会不断调整自身的关注点，以适应伴侣的兴趣，符合伴侣的品位。 2号有一种天赋，能够让人们对他们产生好感。 即便是非常难对付的人，他们也能让对方露出笑脸。 实际上，2号的骄傲就来自于这种集万千宠爱于一身，被人当作知心密友的感觉。

2号表现出的进攻立场让他们不会轻言放弃，尤其是在困难的情感关系中。 2号是情感关系中的积极追求者，他们总是迎难而上，把所有的关注投给他们的伴侣，却很少关注自己的需求。 通过帮助他人来接近他人，这让 2 号觉得自己总是有用的，不会被人轻视。

老练的 2 号总是能够通过改变自己来吸引各方目光。 2 号感到自己拥有多个不同的自我，他们会与各种各样的人交朋友。 他们身上具备了他人需要的不同品质，他们有不同的招数来对付不同的人，比如在父母面前的 2 号和在情人面前的 2 号是不一样的。 他们所具有的进攻性和诱惑性与性别无关，不论是男性 2 号，还是女性 2 号，在情感关系上都会表现出进攻性和诱惑性。

在社会关系上野心勃勃。 2 号希望自己在社会中能够长期占据重要地位，在他们看来，社会形象和地位是至关重要的。 你和哪些人交往，什么样的人出席你的聚会，他们是怎么看你的，这些都非常重要。 人们通过你的名望和你姓名后面的职位名称来认识你。 2 号希望能够吸引那些具有社会影响力的人，与这些人为伍，并让自己成为社会事件的主导者。

他们通过影响有影响力的人来间接发挥自己的影响力。 他们召集会议，推动项目实施，促使人们为相互的利益而合作。 社交广泛的 2 号喜欢成为一个胜利者背后的支持者。 他们能够发现他人身上的潜能，他们被那些有潜力和目标的人所吸引。 他们会把自己的兴趣与他们的老板、导师或者其他公众人物的兴趣联系在一起，在不知不觉中服务于自己的野心。

2 号和他们的朋友会互相帮助，朋友之间可以称兄道弟。 如果被排斥在外，就会让他们感到不安。 2 号对于忠诚和社会尊重度上的变化特别敏感。 他们通过建构权力结构来保护自己人：危险时，提出警告；有机会时，给予提醒。

2 号可以是忠诚的献身者、坚贞不渝的狂热追求者，也可以成为整个家庭的支柱。

在自我生存上表现出优越感。 在 2 号看来，人们是有求于他们的，人们需要他们的帮助。 他们把自己看作是无私的给予者，这个面具掩藏了他们渴望被他人认同和保护的事实。 2 号因为自己的独立而骄傲，并坚持认为他人需要他们的帮助。

当他们帮助他人获得成功，但是却发现自己并没有因此而获得奖励时，他们的怒火就会油然而生，这种自我特权就表现出来了。2 号认为自己的无私给予和出色支持应该保护他们所拥有的特权。通过他人来发挥作用，这种间接的方式比直接说出自己的要求，直接为自己的利益工作要显得更为自然。 这种间接的方式减轻了公然竞争给他们带来的压力，当然也避免了受到社会羞辱的危险。 如果他们的支持者赢了，他们就赢了。 在庆祝别人的胜利时，从中获得一点特权和恩惠也是理所当然的，比如就职典礼的包厢席位，颁奖仪式上的特别夸奖。

拥有特权的人总是站在队列的最前面，而且活得很好。

与 2 号人格的相处攻略

1. 对感性的 2 号要打"感情牌"

2 号给予者往往倾向于感性做人，因此，他们在与人交往的过程中往往带有较浓厚的感情成分，私人情义的价值超过社会公共规范，使得交往双方彼此信任，关系也十分稳固。 因此，人们在和 2 号给予者接触时，要注意和他们建立起私人间的情谊，这样更容易获得 2 号给予者的认可，也能优先获得 2 号给予者的帮助。

其实，人们不仅要在和 2 号给予者的交往中注重建立感性联系，在和其他人格类型的人接触时也要尽量建立私人情感。 只有从朋友做起，才能使彼此的关系越来越稳固。

小美在一家著名房地产公司的市场部任推广经理，她接触的人大多是事业有成甚至小有名气的客户。按理说，在这样的环境中，拓宽自己的人际圈应该是不费吹灰之力的事情。

但实际与理论总是有差距的。几年下来，小美的名片盒里有大把交换来的名片，手机、笔记本电脑、记事本里也存满了客户的联络方式。在社交场合，她应酬得八面玲珑、不亦乐乎。看似热闹，但背后的孤独也许只有她自己知道。除了工作上的联系之外，她在这座城市里的朋友并不多，甚至找男朋友都是一个难题。遇到事情需要帮忙的时候，小美抱着几大本名片夹，却实在想不出会有谁肯帮忙；想要倾诉的时候，却不知道该向谁说；每周约会很多人，却没有一个是可以说心里话的知心朋友；每天都会认识很多人，但绝大部分都只是一面之缘，下次有事需要联系的时候跟陌生人没什么两样。因为那些通过工作认识的朋友都是有利益关系的，抛开这层关系便什么都不是。

人的感情多是在相互接触的过程中产生的，所以人与人接触的态度、方式及所处环境都会对感情产生一定的作用。 如果没有经常接触，就会像故事中的小美这样，所有的繁忙之后也只是孤独无依。 对于一贯注重感性关系的 2 号给予者来说，他们每天要帮助的人实在太多，如果你不能和他们建立起私人情感，他们可能就感受不到你的回报，你就难以优先获得他们的帮助。

因此，只有注重与 2 号给予者的情感联系，多和他们进行情感沟通，如周末一起吃饭、购物、参加新鲜有趣的活动等，保持一种轻松的相处氛围，注重互相交换信息，了解彼此的意见、感受和需求，懂得在何时做何事，根据对方的情绪反应调整自己的行为，这样才能给予 2 号给予者足够的认可，从而在彼此间建立和谐的人际关系。

2. 直接向 2 号求助，满足他的给予心理

在人际交往中，我们免不了求人办事。 求人者大多碍于面子，害怕被拒绝，因此往往不敢直接开口，不是借第三者传话，就是说话绕圈子，常常使被求者感到莫名其妙，从而耽误了解决问题的最佳时机。

如果你所求之人是 2 号给予者，那么你大可不必采取拐弯抹角的求人方式，而应直接对他们说出你的需求。 因为 2 号给予者渴望付出，在他们看来，被人需要是一件值得高兴的事情，这是证明自己的价值的时候，他们不仅不会拒绝，反而会全心全意地帮你办

事，他们的付出甚至远远超过你的需求。

而且，2号给予者善于观察他人，他们往往具有极强、极敏锐的观察力，他们可能比你更清楚如何满足你的需求。形象点儿来说，他们是天生的"护士"，善于按照病人病情的轻重缓急分送救治，并且总能保持冷静。

2号给予者时刻关注他人的需求，并以满足他人需求为乐。因此，面对喜欢助人为乐的2号给予者，大家不妨直接开口求助，这往往能让你的困难得到迅速解决，也能让2号给予者感到自身的价值得到了体现，如此两全其美，何乐而不为呢？

3.给予2号最渴望的感谢和认同

无论属于哪一种人格类型，人们都希望自己的付出能够有所收获，这就决定了每一个人都应对他人的给予表示感谢。其实，感谢的力量在人际交往中举足轻重。"谢谢"不仅是一句客套话、一句礼貌用语，它已经成为了人们心灵沟通的润滑剂。

2号给予者的付出看似无私，其实他们还是渴望对方给予回报。如果得不到对方的回报，他们就会怀疑自己付出的正确性，甚至会迁怒对方，认为对方是"忘恩负义"之人。

在一辆拥挤的公交车上，一位站着的女士捂着头，表情很痛苦。见此情景，坐在该女士旁边的一个小伙子站了起来，说："这位大姐，您是不是不太舒服？要不您坐这儿吧。"

这位女士什么也没说，一屁股就坐了下来，然后拿出手机开始和朋友煲"电话粥"。

小伙子的同伴气愤不过："大姐，人家给你让座，你怎么连句'谢谢'也没有啊？"

这位女士瞥了小伙子的同伴一眼："他自己愿意让座给我，你管得着吗？"

小伙子火了："大姐，既然你没事，就把座位还给我吧。"

女士惊了："什么？"

小伙子说："我这个座位是让给生病的人坐的，既然你能中气十足地打电话，就说明你健康得很，不需要我给你让座了，请你起来！"

旁边的人也开始窃窃私语："是啊，连句谢谢都不说，就不该给她让座。"

这位女士羞愧得满脸通红，讪讪地站了起来。

诚然，小伙子的行为是有些过激，但这确实是注重他人感恩的2号给予者可能会做的事。

每一个人都要明白：没有人有为他人提供帮助的义务。因此，当别人伸出援手的时候，我们应当心怀感恩，及时感谢别人，这样才会让人在帮助你之后觉得心里舒服。否则，别人的积极性一定会大受挫伤，就会逐渐疏远你。对于以他人的感谢为自我价值评判标准的2号给予者来说，难以忍受被忽视的痛苦，这常常会引发他们的怒火。

针对2号给予者的这种性格特点，我们要对他们的帮助及时表示感谢，并在自己力所能及的范围内给予一定的回报，只有这样才能维系彼此友好的关系。

此外，表示感谢时还要根据对方的不同身份及特点采取相应的方式。老年人自信自己的经历对年轻人有一定的指导作用，年轻人在表示感谢时就应这么说："谢谢您，您的这番话使我明白了许多道理……"这会使老年人感到非常满足，他们会认为：这个年轻人修养很不错，孺子可教。 女人常以心地善良、体贴别人作为自己独特的人格魅力，因此在向她们表示感谢时，说"你真好"就比"谢谢你"更好一些，说"幸亏你帮我想到了这点"就比"你想到这点可真不容易呀"要好得多。 总之，你要学会随时随地感谢2号给予者的帮助。

4. 谨防2号的"精神控制"

2号给予者在帮助别人的时候，往往是从自己的立场推测他人的需求，因此，他们常常会遭遇"好心办坏事"的尴尬。 从心理学的角度分析，这是2号给予者内心深处那种强烈的控制欲在作祟，是他们试图通过帮助他人来达到对他人"精神控制"的典型表现。

被帮助者往往是有苦难言：一方面他们难以招架2号给予者的热心肠，另一方面自己对2号给予者的"精神控制"实在是吃不消。 然而，如何拒绝2号给予者的热心，又不伤害他们的自尊心，确实是一件伤脑筋的事情。

要想谨防2号给予者的"精神控制"，就要在看出他们提供的帮助与自身的发展相违背时，适时提出拒绝，以免在他们的"精神控制"下遭遇"好心办坏事"的悲剧。 为了不伤及给予者的自尊心，不应直接拒绝，而要采取委婉拒绝的方式，既要表明对给予者提供帮助的感激，更要让给予者觉得收回他们的"帮助"其实是更好的一种帮助。

总之，委婉拒绝2号给予者的帮助不仅是一种策略，更是一门艺术，只有做到这一点，才能避免自身发生损失，也在一定程度上促使给予者更清醒地看待他人的需求，从而促进他们自我提升。

5. 鼓励内心无助的2号多谈谈自己

每个人都需要安全感，当我们一时受挫，遭遇学习成绩差、工作拖延、年老多病、失业、悲观抑郁、家庭暴力、拥挤等情况时，会格外渴望得到温暖，而那些不愉快的往事却不断地在脑海中闪现，带给我们更深的恐惧感，这种状态就是人们常说的"无助"。无助之所以产生，是因为人们对自我存在价值产生怀疑，或者说感到自己是毫无价值的。因无助而产生的绝望、抑郁和意志消沉，已成为许多心理和行为问题产生的根源。

2 号给予者总是希望通过自己的努力和付出使周围的人，尤其是自己关心的人生活得更舒服、更快乐一些。也就是说，他们总是将别人的需求置于自己之上，因此才经常说出"我无所谓"的话来。

当 2 号给予者一个人独处时，他被迫要关注自己的内在需求，这时他往往会感到迷茫、无助："我从来不知道怎样表达自己的需要，偶尔尝试关照自己的内在感觉，它竟然是空空荡荡的，尤其是没有人在我跟前的时候。"面对这种空虚、无助，2 号给予者本能地想去逃避，这使得他越发不了解自己，越发不能发现并满足自己的需求，内心的无助不仅不会消失，反而会逐渐加深，这就迫使他们关注他人的需求，用外在的价值来定位自己的内在价值。

人们在与 2 号给予者交往时，总会发现，本来是谈他们自己的事情，结果谈着谈着话题就转到你身上来了。即便你试着把话题拉回来，但谈着谈着，他们又开始不自觉地谈论起你或者他人。总之，2 号给予者因为不关注自己的需求，所以在谈话中很少提及自己。然而，沟通是信息互换的过程，如果只是单方面给出信息，则算不上是成功的沟通。

因此，人们在与 2 号给予者相处时，不仅要对他们的付出给予及时、充分的肯定，更要鼓励他们多谈自己，帮助他们更多地关注自己内心的需求，这样才能在一定程度上消除他们内心的无助感。

管理 2 号人格员工的妙方

如果你的下属是给予者，那么恭喜你有这样的得力干将，因为他们不但能很好地完成自己的工作，而且会主动包揽其他的工作。他们似乎与生俱来就精力充沛，能够细心地体察你的需要，然后去做你希望他们做的事。但是你首先要明白，给予者从来都不是呼之则来、挥之则去的角色，虽则他们常常因为过于重视别人的感受而忽视了自我，可是这并不意味着他们完全没有自我。其次，与给予者打交道方法要适当。对于他们对公司做出的贡献，不妨给予适当的嘉奖和表扬。对于他们工作中出现的失误，你需要在私下里委婉地指出来，最好找个机会坦诚地跟他们谈谈。具体来说，需要注意以下事项：

1. 利用肢体语言恰当地表达自己的友好和热情

给予者精于社交，十分喜欢与人相处，他们对肢体语言尤其敏感。在他们眼里，人与人之间的亲疏程度只要通过肢体语言便可以判断出来。疏远的人彼此客气，表现得颇为拘谨，即便两个人是在交谈也会保持相对远的距离；而亲密的人则会手牵手、肩搭肩，彼此毫无顾忌、谈笑风生。因此，如果你对他们仅仅持礼貌和尊重的态度，他们便会觉得你难以接近。倘若你能够跟他们握握手，或者拍拍他们的肩，你们之间的距离就会迅速拉近。

给予者擅长捕捉种种细节，他们能从别人微妙的表情变化中得到大量的信息。同样，他们可以从人们的各种肢体语言中解读出自己与别人的关系。因此，一个微笑、一个拥抱都包含了许多的含义，它们能让给予者寻找到友谊的温度。 同理，他们对疏远和距离感也十分敏感，如果你对他们冷淡，那么就别想利用他们的热情为自己卖力工作，将心比心一直是他们遵守的准则，所以请记住，恰当的肢体语言就是与给予者缩减距离的最佳方法。

2. 要让给予者时刻感受到他们是被重视和被需要的

有时候给予者像一块难以捉摸的磁铁，有着鲜明尖锐的两极，但中间部分——磁铁的大部分却显得虚弱而柔和，这就是我们大多数人都觉得给予者没有太多棱角的原因。 是的，他们在大多数情况下都表现得十分平和，在大部分时间里我们都觉得他们笑容可掬、没有坏脾气，实际上是他们隐藏了自己的棱角，只表现出我们期望看到的那一面而已。 他们之所以这么做，无非是为了得到一种被重视和被需要的感觉，因为这种感觉就像历久弥新的陈年佳酿一样让他们欲罢不能。

管理给予者下属，你一定不能忽视他们的这个特点。 如果你能够激起他们被重视和被需要的感觉，那么你就能让其在工作中最大限度地发挥出自己的潜能。 如果你能给他们传达出这样一个信息：他们是某些工作的不二人选，那么无论你指派给他们的工作有多么棘手，他们都会尽最大的努力完成，绝不会辜负你的期望，因为你是如此看中和欣赏他们，无论如何他们都不会让你失望的。

3. 对待给予者，要用人性化的方式去管理

在给予者的眼里，一个上司的好坏优劣主要体现在是否有人情味上。 如果一个上司专横跋扈，即使能力再强，在他们眼里也不过是一个不得人心的失败者，他们根本就不会对这类人表示顺从。

要想让给予者的才干为自己所用，首先要赢得他们的心。 你可

以通过一些点滴细节来感染他们，如炎热的夏季里递给他们一份消暑的绿豆汤；他们因病缺勤两天又来上班的时候，不妨送上自己温馨的问候等。 当他们把多余的时间都用在了为别人加班上时，你不妨善意地提醒他们过度代劳不利于同事的成长。 他们把大部分精力都用在了满足别人的需求上，却对自己的需求和期望只字不提，你不妨跟他们长谈一次，鼓励他们说出自己的需求，帮助他们找到自己内心真正的渴望。 在你想批评他们的时候，要记得给他们台阶下。 如果你给足了他们面子，他们会感激你。 倘若你无视他们的尊严，你们之间便会鱼死网破，这样的结局是大家都不愿意看到的。

与 2 号人格上司相处的办公室艺术

作为给予者的下属，你首先要明白，任何时候都不能触碰他们的底线和软肋。 虽然给予者一贯扮演着面善心慈的老好人角色，但是他们也像常人那样有着别人不能触碰的雷区。 通常情况下，给予者非常心软，即便下属犯了错误也不忍心严厉地批评，甚至有时候会包揽下属的一些活计。 但是你要记住，给予者是十分要面子和不喜欢被否定的，所以顶撞和拒绝合作的事是万万不能做的。 其次，要客观地看待给予者的各种行为。 有人认为给予者表面上喜欢付出、较少索取，而实际上对别人的每一分付出都铭记于心，所以是一群道貌岸然的猎取者而非慈善家。 这种观点不能说完全错误，但确实有失偏颇。 我们没有理由要求别人做毫无私心的圣人，如果我们过多苛求给予者，只会给双方造成更多的摩擦和不愉快。 所以，在与给予者上司相处的时候，务必要注意以下几点：

1. 要正确地对待给予者的好意

作为上司，给予者可以说是体恤下属的好领导，他们不但会在下属的工作遭遇"瓶颈"的时候给予及时的指导和帮助，而且对下属的私事也较为关心。 如果你在某个阶段显得失魂落魄、心事重重，他们就会在私下里不动声色地帮你解决困惑。 这时你就会为自己拥有这么人性化的上司而庆幸，毕竟在现实生活中，愿意与下级成为朋友的上司少之又少。 有多少上司总是带着一副严肃古板的面孔，认为树立威信最好的办法就是与下属保持距离。 给予者则不然，他们喜欢用情感来征服下属。

不要以为给予者的热情是取之不尽、用之不竭的，他们也拥有自己的生活和正常人的所需所求，你不能毫无节制地向他们索取。如果把给予者的好意当成理所当然的，那你就大错特错了，要知道没有人希望自己的爱心变得廉价。一旦你触碰到他们的底线，他们也会忍不住向你发泄。

2. 要及时表达自己的谢意

助人为乐是给予者生活的一部分内容，作为上司，他们十分愿意帮助下属进步，从某种程度上说，他们是很好的领路人和优秀的启蒙者。他们会不厌其烦地指点你、纠正你，在一般情况下，不会让手下的任何一名员工掉队。如果给予者曾经对你慷慨相助，那么请你不要秉承"大恩不言谢"的那一套，真诚地表达自己的谢意是十分必要的。

如果你没有这样做，那么你就会给给予者造成这样一种误解，即你对他们提供的帮助毫不领情或不以为然。也许你是个不擅表达感情的人，但是不善辞令不能成为你的借口，否则你将会失去与给予者之间的友谊。其实，他们并不需要你奉上什么珍贵的礼物，也不需要你花言巧语去说什么客套话，正所谓"千里送鹅毛，礼轻情意重"，只要你的表达是真挚的，给予者就会对你报之以会心的微笑。

3. 拒绝给予者方法要得当

如果给予者上司泛滥的热情和好心给你的生活与工作造成了一定程度的困扰，那么你要切记拒绝他们的时候方法要恰当。给予者天生就具有极强的保护欲和控制欲，会不自觉地把不需要他们保护的人列为自己的帮助范围。要知道他们的出发点是善意的，所以不要过于激烈地反抗和驳斥他们。

也许你觉得给予者上司包揽你的部分工作不利于你的进步和成长；也许你认为他们过于关注你的私生活，总是让人忍不住怀疑他们的居心；也许你想摆脱这顶折磨人的多余的保护伞，但是请你回想一下，这把伞曾为你遮挡过烈日、遮蔽过风雨。 所以，当你想把那个"不"字大声讲出来的时候，是否也该顾忌一下给予者的感受。 不妨让我们心平气和地说出那个"不"字吧，并礼貌地附上一句"仍然感谢你的好意"，这样也许对双方都好。

2 号付出型客户的破解之道：破柔式

付出型客户就像热乎乎的糨糊，能黏住重要人士不放，又像是忠诚的小狗服服帖帖地跟随在你左右，让你离不了他。付出型的客户是这 9 种客户类型里最柔的一种，这种类型的女客户甚至可以说是柔情似水。付出型客户的这种"柔"可以达到老子所言的至柔，绝对不是懦弱和没有主见。付出型客户有点像太极拳，能轻易让别人在不知不觉之间陷入他们温柔的陷阱，像水一样善容万物。因此，你要攻克付出型客户就要从柔爱、关怀入手，接受他们这种无微不至，巧妙地化解无形的柔性力量。

在所有的客户类型里面，付出型客户因为他热心、开放和付出的特点，相对来说是比较容易攻克的。你只要做到投其所好，对症下药，就总是能做到水到渠成。

作为一个销售人员，在付出型客户面前，首先你一定要真诚，不要试图伪装自己，因为他们的感觉是非常灵敏和准确的，你的任何不真实都可能会让他们反感。其次你在向他们销售产品前先要与他们建立真诚良好的关系，有了感情基础，他们自然会成为你的客户。

付出型客户不会太在乎你的产品有多好，他们看重的是你们之间的情感关系，如果关系好，他不但会自己选择使用，而且会成为你最好的宣传机器，极力向他身边的人推荐。一旦你拿下了一个这种特质的客户，你就会万事大吉，他们具有很强的感染力，去鼓动身边的人也来使用你的产品，有可能给你带来巨大的销售资源和大量的潜在客户。

注意一点：他们这样做的时候，你一定要采取欣赏和感激的态度，不断地去嘉许他们这个人，而不是他们做的这些事情。

另外，你可以通过适当的示弱，来获取他们的帮助。他们具有天生的同情心，很乐意帮助你。这种付出和帮助他们几乎不求回报，只是希望你能肯定和认同他们本人。

如果你坐公交车，你会发现那些主动让座的人有相当一部分是付出型特质的人，他们看到有老、弱、孕、残在身边，如果不让座，内心就会极不自在。当别人最需要帮助时，第一个站出来的也是付出型。

因此，假若你要攻克付出型特质的客户，你只要把你的产品与关爱家人、关爱身边的人有效地连接起来就可以了。

在针对付出型客户的营销上，一定要做到让他们觉得你很需要帮助，需要他的支持，离开了他就不会成功，让他们有一种成就感——离了他不行。

破柔式之赞美肯定法	充分赞美和肯定他们的行为，特别是他们本人。
破柔式之接受付出法	接受他对你的热情帮助和付出，去真诚地面对。
破柔式之人文关怀法	适当地对他们表示人性上的关怀，表现出热心肠。
破柔式之强烈煽情法	可以适当采用煽情的方式来感染他们。
破柔式之彰显弱者法	在他们面前表现出弱者的形象，获取他们的同情。
破柔式之关爱连接法	把产品与对他家人和朋友的关爱连接在一起。

第四章

3 号人格:胜者为王的实干主义者

3号性格特征全方位透析

1. 世界观

这个世界是胜者为王。 我只能成功，不能失败。

2. 精神通道

3号性格者的个性特征表现出对希望的追寻。 他们把希望寄托在自己的努力上，而不是去遵循众所周知的原则。

内心的空虚让他们心里更看重个人成就的重要性。

拥有一个成功者的形象说明他们付出了诚实的努力。

他们从小就表现得很能干，因为他们想要获得他人认可，想要维护自信。

欺骗同样是为了保持在他人眼中的成功者形象。

对于实干者来说，希望和诚实的努力既是心理成长的优势，也是联系高层自我的潜在触点。

3. 关注点

（1）希望因为自己的表现而获得爱，而不是因为自己。

（2）力争第一，喜欢位于榜首的人。

（3）效率、产品、目标、结果。

（4）只有在确保成功的情况下才会参与竞争。 避免失败，在失败前就离开。

（5）通过改变自我形象来提高工作效率。

（6）自我欺骗，只接受符合公众形象的感觉。

4. 性格倾向

在九型人格中，每种性格都有各自的关注点，他们关注于不同的信息。 3号关注的是突出成就。 能够有助于他们获得突出成就的信息会自动前移，而其他信息会自动消失。 这样的状态对于完成工作十分有效，每个人在工作中都会采取这种态度。 当一个酬劳丰厚的项目摆在眼前时，我们都会自然而然地加快工作效率，就像3号一样，进入实干者的状态。

3号因为他们的成就而被爱，而不是他们的感受。 他们在乎的是行动，而不是感觉。 形象要比深度更重要。 为了让自己能够适应环境、茁壮成长，3号在孩童时代就学会了好好表现、争取成功。 他们学会了竞争，学会了同时处理多项工作，学会了推销自己，还学会了如何给他人留下深刻印象。 如果只有胜利者才能获得爱，你就必须学会让自己摆出胜利的姿态。

他们的形象可以是具有欺骗性的。 这种形象是为了获得胜利的结果，而不是个人需求的真实表达。 在不同的场合，他们扮演着不同的角色。 他们可以是完美的恋人、高效率的工作者、出色的项目领导。 即使自身的感觉十分模糊和陌生，只要在他人眼中他们是成功者，他们就会感觉良好。 一个人一旦失去了自身情感的指南针，自然就会去借助他人来看自己，以满足他人的需求为重。

只要选择了合适的形象，3号就能表现出角色所赋予的性格特征。 他们忘记了自己是在扮演角色。 他们只知道自己讨厌被他人厌烦的感觉。 人人都爱成功者，所以只要他们能表现出色，他们自然会受到欢迎，自然会让所有人感到高兴。 如果这种习惯成了无意识的条件反射，3号对自我的观察就停止了。 3号成了自我欺骗的受害者，他们无法从角色的感觉中走出来，无法找到自己真正的感觉。

实干者如果能够把自己扮演的形象与真实的自我区分开来，他们就获得了成长。 当3号发现自己开始自我吹捧时，他们是可以做出选择的：要么悬崖勒马，回归自我；要么继续改变自我，把角色扮演下去。

如果有人想帮助3号，就需要在情感上对3号给予由表及里的支持，帮助他们重新树立目标。 这样的人必须能够耐心忍受3号喜欢转移感觉的习惯，能够提供忠诚的支持，不管3号的表现是否令人信服。

5. 分支性格关注点

在情爱关系、社会关系和自我生存上具有欺骗性。

在一对一的情感关系中注重男性、女性形象。 3号可以说是形象的大师，在亲密关系中，他们能够把自己打扮成伴侣的梦中情人。 在生意场上，他们的形象能够为自己争取到最大程度的认可。他们是出色的商人、强劲的对手、细心的情人、理想的伴侣。

为了让他人相信，3号首先要相信自己。 他们处处表现出自信，还会带上不同的面具，引诱对方上钩。 只要是能够讨伴侣欢心的性格特征，3号都会通过角色表现出来。 他们开始欺骗自己不要去相信内心真诚的情感。 他们在形象的选择上注重外在吸引力，喜欢赶时髦，这常常让他们混淆了哪些是适合自己的，哪些是正在流行的。

在社会关系中注重声望。 无名让3号焦虑。 在他人眼中，他们必须是某个人物，否则他们就认为自己是无名小卒。 他们常常弄不清到底是该做最好的，还是做最出名的。 喜爱交际的3号更看重即刻的公众识别度，而不是私下的名誉。 他们非常在乎社会资历、头衔、公共荣誉，以及与社会名流的关系。 比如，在哪所大学就读，名片上有几个头衔，认不认识什么名人等。

欺骗就是指他们会改变自我形象来吸引社会关注。他们可能并不会意识到，自己在扮演着能人的角色；也不会意识到，自己说的话实际上是言不由衷，是在讨好别人，而他们所表现出来的性格也是别人想要的。3号只知道，如果让其他人占据了舞台的中心，他们会很伤心。其他人可能很好，但我能比他们更好。成为芸芸众生中的无名小辈是他们不愿看到的，所以他们会尽力为自己游说，为自己争取出人头地的机会。在这一过程中，他们很容易被自己想要成为的形象所影响。就像一个演员会深入角色中去一样，他们会接受角色的想法和感觉。只有朝着自己的目标方向前进，3号才能感到安全。

如果他们是在不同的群体之间活动，他们就要准备不同的装束。要选择群体所看重的形象，这样才能获得群体的尊重。3号会不断改变自我来获得群体认可，因为当他们被欣赏时，他们就会觉得自己是个人物。

自我生存上注重安全感。3号总是认为只有金钱才能买到安全，为此他们会想出很多办法来确保自己的饭碗。即便他们过上了富裕的生活，他们还是会担心有朝一日丢掉饭碗，变得一穷二白。3号在情感上的安全观也与他们的收入紧密相连，他们会把大量注意力放在资产积累上。3号做人的成就感来自物质财富的积累，金钱是他们自信的源泉。只要拥有了富人的形象，他们就能够让自己和他人相信，他们是成功的。中心地段的昂贵房产、名牌服装、豪华的旅游路线等，这些都是3号关注的。

失去财产会让他们感到生活受到威胁。他们不断工作，因为一旦他们停止工作，他们就会感到焦虑。

如何与3号人格相处

1. 和急躁的3号沟通，就要直奔主题

3号实干者追求成功，注重效率，他们经常觉得"人生苦短"，要抓紧时间努力工作，获得自己想要的荣誉、声望、金钱、地位等成功者的必备元素，因此他们总是急匆匆地走在前进的路上，难有停歇的时间。为了保证自己的高效率，让自己尽快达到成功的目标，他们习惯于快速沟通和行动，喜欢直奔主题，绝不拖沓冗长。因此，3号实干者常常给人一种急躁的印象。

因此，与3号实干者沟通时，要直奔主题，切中要害：先了解对方最关心项目里面哪些部分，再重点分析，切忌什么都说，因为太烦琐会让他们分散注意力。所以跟3号实干者谈话时要懂得把握节奏和突出重点。

2. 对好胜心强的3号实干者，合作胜于竞争

3号实干者的好胜心特别强，事事都要求自己比别人强，希望得到别人的认同和赞美，这也是他们追求成功的原动力。当他们看到别人成功时，他们的第一个反应就是："总有一天我会比你更成功。"当他们面对和自己实力相当的人时，会不由自主地产生好胜心："我一定要做得比你好，我一定要比你强。"

他们喜欢竞争，并渴望在竞争中获胜，从而向自己和同行证明：我是优秀的。为了不被别人比下去，他们往往比别人更努力地工作，寻找各种代表着成功和成就的象征：社交能力、加薪、受欢迎的演讲、签订合约、拥有同他们的老师或领导一样的显要位置。

总之，超越他人可以强化 3 号实干者的自尊，使他们不会产生太深的无价值感，暂时感觉自己更可爱、更值得关注以及被羡慕。

3 号实干者将名利看作是胜利者的象征，并将职业成就看作他们衡量自己作为人的价值的主要砝码，因此他们不断地谋划着自己的升迁，想尽可能快地向上推进，并愿意为此付出巨大的代价：牺牲健康、牺牲婚姻、牺牲家庭、牺牲朋友……总之，一个有声望的头衔或职业能够极好地强化 3 号实干者的成就感。

为了在竞争中获胜，3 号实干者注重社交技巧，喜欢在人际交往中出风头，以吸引那些对他们来说有价值的人，增加自己的社会魅力。

因此，当你遇到 3 号实干者时，如果你喜欢他们，欣赏他们的勤奋和拼劲，就不妨尽量配合他们，帮助他们达成目标。当你与他们站在同一阵线时，3 号实干者也乐于保护你，与你分享他们的成就。

3. 对 3 号实干者的势利心理，多建议少批评

3 号实干者极度追求成功，这使他们视生存为人生的第一要务，而且他们认为自己必须以成功者的形象生存，因此他们开始变得势利，为人处世喜欢投机取巧，擅长在不同的环境中转变身份，赢得他人的认同，为自己获取利益。他们可能会变得不诚实，并固执地认为失败是一件丢脸的事情，因此当他们以常规的方式无法取得成功时，他们就可能采取某些极端的方式，只要这些方式能帮助他们获得成功。总之，为了生存和成功，他们会不惜一切代价。

在这种势利心理的影响下，3 号实干者将世界上的人划分为有价值的人和没有价值的人两类。为了追求成功，他们会主动接近那些对他们有价值的人，而自动忽略那些对他们没有价值的人。

为了讨好那些有价值的人，3号实干者会努力将自己塑造成对方心目中理想的形象，从心理上强迫对方臣服于自己，为了保持这种优越性，他们常常会根据对方的想象来改变自己的形象。由于3号实干者具有极其敏锐的观察力，这使他们较为容易在千变万化的人际关系中"判断"出利害关系，以便自己做出进一步的"选择"。总之，他们极为聪明，十分擅长"见风使舵"。

由此可知，当3号实干者面对他人对自己的批评时，他的第一反应往往是："哦，原来他心目中的成功者是那样的，那好，我就变成那样吧。"他们会根据别人的观点迅速调整自己的形象，而不会深思这些批评背后关于个人发展的东西。也就是说，批评只会使3号实干者更好地伪装自己。

因此，人们在面对3号实干者时，不妨多建议、少批评，尽量在不破坏其优越感的情况下给出客观意见，引导他们认识自己的内心世界，帮助他们获得更好的成绩。

4. 面对3号的多变，客观回应就好

3号实干者追求成功，他们喜欢在人前塑造一个极富吸引力的成功者的形象，因此他们时刻关注大众对于成功这个概念的理解。不同的人对成功有不同的理解，这使得3号实干者必须根据不同的对象塑造不同的形象。也就是说，3号实干者是多变的。

如果人们觉得成功者是庄严肃穆的，3号实干者的男性就会喜欢以西装加领带的严肃形象出现；如果人们觉得成功者是时尚的，3号实干者的形象中就会出现许多时下的流行元素；如果人们觉得成功者是有个性的，3号实干者就会表现得特立独行……总之，大众认为成功者应该是什么样子的，实干者就会以什么形象出现，从而彰显自己成功者的身份，满足自己的优越感。

由此可见，3 号实干者十分注重和他人的交流，并尽可能地从他人的信息中挖掘出对自己有价值的东西。 如果他们发现对方给出的信息是客观的，对他们有价值，他们就会深入接触对方；如果他们发现对方给出的信息是主观的，对他们毫无价值，或是极大地伤害了他们的利益，他们就会选择忽视对方，或是直接反抗对方。

因此，面对多变的 3 号实干者，我们要尽量保持客观的态度，给予他客观、真实的信息及评价。

5. 对注重目标的 3 号，用结果去引导

追求成功的 3 号实干者是个十足的实干主义者，在他们看来，成功的最基本前提就是要有一个明确的目标。 他们认为，生命中如果没有了目标，就难以获得成功，而没有了成功，生活也就毫无意义可言。

因此，3 号实干者总是给自己设定清楚的目标，并且会克服一切困难，锲而不舍地达到目标。 当目标太多、太复杂的时候，他们会很主动地使目标清晰化，以防自己的精力分散。

为了保障最终获得成功，他们会集中精神，把注意力放在目标上，凡是跟目标没有关系的东西全部都会被忽略掉。 他们绝对以目标为本，无论对事对人，都是以实用性及功能性为先。 有时，为了达到自己的目标，他们可能会表现出常人难以理解的冷酷和无情，甚至还会在不自觉的情况下，在奔向目标的途中将别人接连不断地踩在脚下，也就是人们常说的"踩着别人上位"。

从心理学的角度分析，3 号实干者这种注重目标的心理有助于他们形成积极的心态。 因为一个明确的目标意味着一个能"看见"的未来，并激起他们向未来靠近的冲动。 它会给他信心，给他力量，让他的能量聚焦，对他的人生产生巨大的推动作用。 随着他的努

力，目标会越来越接近。 即使是实现一个特别微小的目标，在他的心中也会产生一种令人兴奋的成就感。 这种成就感又会激励他制订新的目标，获取新的成就。 随着这些目标的实现，实干者的思维方式、对待生活和人生的态度就会日益改变，他们将变得更加成熟。

由此可见，人们在和注重目标的 3 号实干者相处时，首先要弄清楚他们的目标是什么，想要的结果是什么，用他们想要的结果去引导行动。 总之，只要懂得投其所好地给予 3 号实干者想要的结果，自然能快速赢得他们的信任和支持。

如何与3号人格上司相处

3号的上司是热情洋溢的人，口才又好，如果3号进行演讲，那是非常有感染力的。

在3号手下工作，就得用成绩说话。3号本身就是一个行动力很强的人，要让他欣赏你，你就得向他证明你正全力以赴地投入手中的工作。你可以跟2号讲交情，但这对3号不起作用。你的项目搞砸了，如果是2号领导，你们平时关系又不错，他可能会说："我们关系这么好，这次就算了。"但是3号会翻脸。

3号要求的是结果，至于你用什么方法完成工作，他不想知道，也不关心。所以，向3号上司报告的时候，不要讲很多细枝末节的事情，只需要直接告诉他事情的结果就可以了。遇到这样的上司，说话喜欢汇报过程和细节的6号和9号就比较麻烦了。如果你跟3号啰唆半天还没有进入正题，3号肯定就不耐烦听，要问你要结果了。所以，无论是作口头报告还是书面报告，都要简洁明了，目标明确。3号对结果的强调，其实是因为他有超强的目标感。他最怕的就是没有目标，即使是组织一次娱乐活动，开一个会议，他也要求目标明确。

想要让3号同意你的某个提案，你就要告诉他这个提案对他的好处。你对3号上司说，这个项目如果施行的话，民众会得到什么利益……我敢肯定，不出5分钟3号上司就要摆手叫停了。他心里早就嘀咕了："民众得到什么利益跟我有什么关系？"如果你直接对3号说，这个项目如果成功了，就能让你们这个部门比其他部门赢利多，3号立刻就会签字批准。

不要在还没有准备好的情况下跟3号谈工作。3号性子比较急，缺乏耐心。3号说，速度就是生命。像2号那样，没事就找下属闲聊，在3号看来无异于浪费生命。所以，3号讨厌一切需要长时间投入的事情。盖楼的时候，他恨不得不要下面两层，直接盖第三层。曾经有个3号领导就说："我喜欢直截了当，开门见山，我很讨厌揪住细节不放的人。如果开会的时候有人说了3分钟还没有进入正题，我就不让他说了。"

3号信奉的是弱肉强食，所以3号领导的团队竞争会很激烈。在3号手下工作，有时会显得没有人情味儿，但好处是你不需要像在2号手下工作那样，想方设法去讨领导的欢心。3号是唯才论者，只要你有本事，就算他不喜欢你，也不会轻易开除你。

应对 3 号实干型客户：充分肯定法

实干型人需要别人对自己能力的肯定，希望别人看到自己是"优秀的、成功的、强大的"，尤其是在意别人的肯定。

例如，有一个实干型的人这样描述自己：

> 我从小就是个会察言观色的孩子。我能随时根据不同老师来调整自己的表现。例如，当我要上语文课时，我了解到语文老师喜欢爱学习的孩子，所以，我在他的课上总是规规矩矩的，总会认真听课、认真地把笔记做好；上英语课的时候，我知道英语老师喜欢活跃的孩子，所以，我总是在英语课上踊跃发言，对老师的活动积极响应，因此我也得到了英语老师的喜欢；而到了上数学课的时候，我会表现出认真思考状，表情严肃，因为我知道数学老师喜欢这样的孩子。结果，每位老师都喜欢我，再加上我学习成绩出色，所以，年年都获三好学生。

> 当然，我的同学会因此嫉妒我，可是我并不在意，老师喜欢我，全校的学生都知道我是个学习好、品德好的孩子就可以了，有没有朋友对我来说并不重要。

> 每当爸妈拿着我的成绩单告诉叔叔阿姨的时候，叔叔阿姨就会夸我是个好孩子，我觉得自己给家里带来了荣誉，感到非常高兴。

由此可见，销售人员可以抓住实干型的这些特点对其展开攻势策略，那就是只要对他们表示肯定就有可能成功交易。

1. 用语气表达肯定

对销售人员来说，最珍贵的就是和客户在一起的时间，晚点睡觉都没关系，就怕客户不给时间，或者给了时间却因为自己的能力不足而抓不住。 销售的目的是为了达成交易，如果销售过程顺利，客户便会在整个步骤引导下签订合约或直接就签支票了。 如果在销售过程中出现阻滞的话，客户便会借口考虑，他日再来。 这不但浪费了时间，而且又增大了难度。

根据经验，第一印象是很重要的。 如果我们能够在最初的15分钟抓住客户的兴趣，我们便可以赢得他以后的时间。 如果我们能够在开场时就准确地叫出客户的名字及头衔，那么，对于实干型客户来说，他们会非常欣赏这样的人，这暗示了销售人员非常重视他们，是对他们的肯定，所以，这样的开场会给他们留下良好的印象。

实干型客户强调效率，所以，销售人员在进行销售的时候，要做到简明扼要，语言是顺畅的、肯定的，同时，又能生动活泼地吸引客户的目光，这样就一定会吸引住客户。 反之，销售人员说话啰里啰唆，单凭一张嘴说，眼神很难集中，甚至是犹豫的，语气不肯定，同时节奏又比较难把握，令人难以跟随，那么，客户一定会非常厌烦，有些性格急躁的实干型客户甚至会当场制止你，让你难堪，这是销售人员最忌讳的。

待说完介绍的话的时候，可以请实干型客户提出疑问，这样就会让他们感到自己被尊重了，心情会非常舒畅。

当我们在听实干型客户讲述产品的时候，我们可以适时而又恰当地提出问题，以配合对方的语气来表达自己的意见，这样也能表达自己对客户的认可和敬重。

有经验的销售人员还会通过巧妙地应答，将沟通对象的谈话引向所需要的话题。

2. 用肢体语言传达肯定信息

销售人员在和实干型客户进行谈话的过程中，可以用面部和双手发出信号，暗示实干型客户。这样就会大大增加销售业绩。

在面部，延续时间少于 0.4 秒的细微面部表情也能显露一个人的情感。面带微笑使人们觉得你和蔼可亲。真心的微笑（与之相对的是刻板的微笑，根本没有在眼神里反映出来）能从本质上改变大脑的运作，使自己身心舒畅起来。这种情感能使人立即进行交流传达。所以，当销售人员在与客户进行交流的时候，面部要保持很自然的微笑，适时地点头，表示对沟通对象谈话的认可。

实干型相信自己的能力，相信凭借自己的能力什么都能做成，这样的人是希望得到他人真诚的尊重和肯定的，而最厌恶的就是他人的虚情假意的奉承。因为这样就表示对他们能力的侮辱和否定，他们会因此非常气愤。如果销售人员不能理解他们这样的心理，虚情假笑，客户会非常生气，更不用说买你的产品了。也许有的销售人员会说，自己开始对他们不了解，不知道他们有什么能力。即便不了解他们，也不要因此而忽略他们，要相信他们一定是有能力的，这样才能使自己发自内心地微笑出来。

我们不仅要面带表情，还可以灵活使用双手，表达自己对他们的肯定。"能说会道"的双手能抓住听众，使他们朝着理解与表达意思这一目标更近一步。试想想人们在结结巴巴用某种外语进行沟通时不得不采用的那些手势吧。使用张开手势给人们以积极肯定的强调，表明你非常热心，完全地专注于眼下所说的事。 视觉表达几乎是信息的全部内容。 如果和别人交谈时没有四目相投并采用适当的表情或使用开放式的手势，别人是不会相信你所说的话的。

实干型常常喜欢高谈阔论，经常会讲述自己的一些成功经历，这时，销售人员就应该在恰当时候和他握手，表达相见恨晚的情感，说一些"原来那件产品是你做的，真是了不起"之类的话。 这样会使实干型大大提高自己的荣誉感，会不由自主地把销售人员当成自己的知心人，对销售人员印象颇好。 这样交易就很容易成功了。

有个实干型的人曾经这么说："价值是个虚无的东西，看不见，摸不到，只有这些物化的钱，或者别人羡慕的眼光才能让我感觉到这些价值的体现。"

由此可见，实干型赚钱目的更多的是为了用它获得更多的荣誉和尊严。 所以说，只要能够让实干型人感受到尊重和肯定，甚至钦佩，那么他就会慷慨地去购买产品了。

第五章
4 号人格：品位独特的浪漫主义者

4 号性格特征全方位透析

1. 世界观

有些东西其他人拥有，而我却失去了。 我曾经被抛弃。

2. 精神通道

忧郁在提醒着 4 号性格者，他们失去了一些东西。 这是一种建立在遗失上的甜蜜悲伤。

从精神上来看，4 号孩童为了生存而失去了与本我或者说他们的真实自我的联系。 由于无法获得本原的支持，4 号孩童对于他人的抛弃和亲人的远离变得极度敏感。

剧烈的情感波动打破了泰然的状态，因为他们渴望获得真实的联系。

嫉妒是在提醒 4 号，他人正享受着他们所缺失的快乐。

4 号寻求真实联系的过程仿佛是在寻找本我，促使他们寻求的动机是因为他们相信，在平淡生活之外还有更多内容。 如果他们认为自身已经圆满，他们就不会再去追寻。

3. 关注点

（1）被缺失的东西所吸引。

（2）嫉妒是因为他们相信自身遗失的东西被他人占有了。 "他们那么高兴。" "他们那么相爱。" "他们那么满意。"

（3）忧郁是分离所产生的甜蜜痛苦。 尽管感到缺失，忧郁依然是一种甜蜜的境界。

（4）被自己所爱的人抛弃，导致自信心受损。 "如果我的价值更大些，我就不会被遗弃。"

（5）通过情绪、态度、奢侈品和良好品位等外在生活表现来提高自信。 用独特的外在形象来掩盖内心的羞愧。

（6）与他人的感觉不同，强调自身情感的独特性。 "我的情感是不一样的，我的遭遇让我和其他人不同。"让自己与众不同。

（7）渴望获得遗失的快乐元素：缺失的爱人、遥远的朋友、与上帝的沟通。

（8）不喜欢平庸的生活。 平淡的感觉无法满足内心的激情。

（9）在情感关系上推推拉拉。 关注遗失的美好，"什么时候我们才能重新产生触电的感觉?"追求无法获得的，而真得到了又会推开。

（10）在情感上变得敏感、深入，能够对陷入困境的人给予帮助。

4. 性格倾向

浪漫主义者沉浸在情感世界中，爱与失是他们最关注的。 当两颗心相遇时，他们才会感到完整。 忧郁对于 4 号来说，并不是消极的影响，相反，因为缺失而产生的忧郁具有强大的吸引力。 他们用情感填补内心的空缺，并与他人建立联系。 他们在快乐和悲伤中探寻世界。

当 4 号看到他人在享受他们渴望的快乐时，嫉妒之心就会油然而生，如同插在心口的一把尖刀。 其他人看起来都很满足，他们为工作和家庭感到高兴，他们享受着成就感，而自己却被拒绝了。 这并不是针对他人产生的妒忌，而是因为他人的快乐提醒了 4 号，他们是不快乐的。 嫉妒推动着 4 号去寻找他们认为可以让人快乐的事物——金钱、独特的生活方式、公众认可、伴侣。 他们在不断重复着这种追寻：从渴望到获得，到失望，到拒绝。 4号就这样追逐着无法获得的东西，当他们真的得到时，他们又会拒绝。 吸引、拒绝、再吸引，一切就这样周而复始。

当这种推推拉拉的习惯成为自然时，4号的自我观察就停止了。他们不知道，当情感关系还处于遥不可及的状态时，他们只看到了这种关系的积极面；他们只知道与某人分离的感觉无法忍受，他们想成为对方情感生活的中心。 相比之下，周围的人是缺乏深度的，只能让他们强颜欢笑。

如果这种关注继续下去，4号会发现身边的一切和遥远的对象相比都变得苍白无力。 他们发现自己犯了一个错误，原来幸福在别处。 似乎唯一正确的办法就是脱离现在的生活，去追寻遥远的希望。

如果4号能够看到杯子中剩下的半杯水，而不是半个空杯子，他们就获得了成长。 他们应该牢记"知足者常乐"，应该满足自己的所有。

在忽远忽近的情感关系中，能够保持冷静，能够看到眼前的美好，能够坚持不后退的伴侣将帮助4号获得幸福。

5. 分支性格关注点

嫉妒将影响情感关系、社会关系和自我生存。

在一对一关系和情爱关系中表现出竞争性。

嫉妒激发了情感关系中的竞争。 这是一种精力充沛的能量，让他们脱离沮丧，追寻缺失。 这是一种"我让你看看"的强劲冲动力。 竞争集中表现在两个方面：一个是争取获得认可（只要我得到关注，我的价值就会体现）；另一个是与那些获得认可的人对抗。

这种与对手的对抗可以发展成憎恨。削减对手的价值就等于削弱对他们的嫉妒。4号埋伏在暗处，准备抓住机会让对手一棒出局。充满竞争心的4号就像追逐自身目标的3号一样好斗，但是他们的嫉妒心让他们既想赢得自身目标，又想狠狠地教训对手。竞争让他们充满能量和活力，能保证让他们远离沮丧。

充满竞争心的4号渴望来自特殊对象的特殊关注。所谓特殊对象就是那些生活独特、品位高贵，并且具有天赋的少数人。如果能够得到皇室的青睐，还管什么平民老百姓呢？他们通过接触有价值的人来提升自信。贤明的导师和显著的榜样是极具吸引力的。这种关系的发展要么产生令人满意的互动关系，要么就会陷入"诱惑——拒绝"的怪圈。谁会被拒绝？谁是控制者？4号会通过降低他人的价值，率先拒绝他人，以此来降低自己遭到遗弃的风险。这种来来回回的拒绝和诱惑是一种控制手段。他们不会推得太远，以免失去对方；也不会拉得太近，完全依赖于他人。这种表现通常不会用于对待朋友，而是用于对待具有竞争力的同行或者可能抛弃自己的伴侣。如果伴侣在离开他们之后拥有了更成功的新感情，4号会特别嫉妒。

在社会交往中存在羞愧感。

在社会交往中，缺乏自信的4号时常会有一种羞愧感。当他们不符合标准的时候，当他们拿自己与他人比较的时候，当他们看到别人具有自己没有的优点，并赢得社会尊敬的时候，他们的自信心就会下降，羞愧感就会上升。他们感到自己无法达到他人能够达到的标准，感到自己具有内在的缺陷。这种缺乏自信心的表现，通常是基于过去曾经发生的遗失。在幻想的催化下，自己的缺失仿佛被他人获得，生活的乐趣也因此被他人享受了。

羞愧的4号会深深地自责，认为自己一无是处。一个有价值的人怎么会被他人抛弃呢？

他们害怕被拒绝，害怕自身的缺陷被发现。 他们想要躲避那些尖锐的目光，尽量避免社会接触，不让自己的缺陷曝光。 他们对于他人的轻视异常敏感，并强烈渴望获得认同。 落选的感觉很糟，听到其他人选人的名字感觉更糟。 他们非常注重形象，通过形象来保护自己。 精英会所的会员资格、吸引人的外表、超凡脱俗的气质和举止都是他们追求的。

在自我生存上无畏。

对当前状况感到失望的 4 号有可能选择铤而走险。 与其在希望和失望中挣扎，为什么不把所有顾虑抛到脑后？期望和遗失的反复循环导致内在的危机，由此产生的巨大能量被灌入日常生活中。 在悬崖边上跳舞的冒险生活反而让他们感到解脱，为平淡的人生注入意义和活力。

生存就是要不顾一切地获得让自己感到满意的事物。 嫉妒心会在奢华的生活、有意义的对话和优雅的环境中消失殆尽。 为了追逐一个梦想，浪漫主义者可以忽略基本的生存需要。 渴望梦想实现的感觉如此强烈，不顾一切的 4 号可以通过极度冒险的方式来实现梦想的生活。 如果在实现梦想后，心中又产生了不满，他们还可能摧毁一切，重新再来。 财富来了又去，去了又来。 爱人被吸引过来，又被拒绝，然后又想再次相拥。 对到手的东西失去兴趣，失去以后又重新产生兴趣……

如何与 4 号人格相处

1. 对追求独特的 4 号，认同他的创造力

追求独特的 4 号浪漫主义者往往具有极强的创造力，他们大多感情丰富，浪漫且有创意，拥有敏锐的感觉和独特的审美眼光，艺术特长是他们最大的潜能所在。 他们是非常感性的人，情感非常细腻，很容易将外界的事物延展到一个大多数人看不到的层次，这一过程中就充分展现了他们的创造才能。 而且，4 号浪漫主义者的所有创意都不用逻辑去思考，也不用去学创意结构，他们一般都是凭借感觉自然完成，这是他们的天分。

在一般的状态下，强烈的直觉会帮助他们了解他人是如何思考、感受和看待世界的，这也是一种其他类型的人很难获得的借助潜意识来感知现实的能力。 在最佳的状态下，他们以直觉和创造性指导工作，能够把一些不相关的事情联系起来，并以个人风格和深度来丰富它。

小凡有一双巧手，但上中学的时候必须要穿校服，这令她觉得特别不舒服。后来上了大学，她就经常在买来的衣服上做一些小的修饰，或加一条花边，或配一些饰物，这样就显得她的衣服与众不同，自然也就令周围的女孩都艳羡不已。每当身边的朋友向她投来羡慕的目光时，她就会觉得特别开心。

故事中的小凡就是典型的富有创造力的 4 号浪漫主义者。 4 号

浪漫主义者具有别人很难拥有的创造才能，如果得以发挥的话，他们所创造出来的作品必定具有感人至深的力量。这是因为他们能够潜入到潜意识的深处挖掘所能找到的真相，再将其反映到他们的艺术作品中，因此他们的作品也常会令人感受到一种难以言述的情感和想法，并会使人为此叹服不已。

为了让他们的创造力发挥到极致，人们在与4号浪漫主义者相处时，需要多给他们一些肯定和欣赏，认同他们的创造力，不要轻易泄露你的不满，更不要随意批评他们。因为4号浪漫主义者非常敏感，即使你心里的不满没有完全表露出来，他们也能很快捕捉到这种信息；而且他们还非常自卑，极容易因为他人的否定和批评而加剧内心的缺失感，情绪会变得非常低落，也就难以产生创意。

2. 根据4号的感觉来回应

在人际交往中，4号浪漫主义者更关注自己的需求，他们以自己的情绪为主导，不考虑环境、倾听者的性格等特征，因此常常使听他们说话的人感觉听不懂。

《福布斯》杂志上曾登过一篇名为《良好人际关系的一剂药方》的文章，有以下几点值得借鉴。语言中最重要的五个字是："我以你为荣！"语言中最重要的四个字是："您怎么看？"语言中最重要的三个字是："麻烦您！"语言中最重要的两个字是："谢谢！"语言中最重要的一个字是："你！"那么，语言中最次要的一个字是什么呢？是"我"。

然而，许多人在说话时总是"我"字为先。美国汽车大王亨利·福特曾说："无聊的人是把拳头往自己嘴巴里塞的人，也是'我'字的专卖者。"在商务交谈时，如果你不顾听者的情绪或反应，只是一个劲地强调"我"如何如何，那么必然会引起对方的厌烦与反感。

一旦 4 号浪漫主义者因为过度表达自我情绪而遭遇人际僵局，受到人们的嘲笑和抱怨，他们便会感到自己不被理解，感到很受伤，于是会选择保持沉默，不再与人交流，以免受到类似的伤害。因为 4 号浪漫主义者认为，语言很苍白，他们希望别人能够不需要语言就读懂他们。所以，他们很多时候都推崇潜意识的沟通方式。

人们在和 4 号浪漫主义者沟通的过程中也需要理解他们的感性沟通方式，重视他们的感觉，也要让他们知道你的感觉、想法，并做出相应的回应，以便给他们受到关注的感觉，帮助他们抒发情绪，走出情绪低谷。

3. 理解 4 号的忧郁

4 号浪漫主义者喜欢体验生活中悲伤的一面，他们不会将忧郁看作痛苦，而认为忧郁是生活中的调味剂，忧郁的感觉具有不可抗拒的魅力。因此，他们常常通过体验忧郁来逃避由失落感和苦恼带来的压力。

我们之所以害怕忧郁，是因为我们将它与痛苦等同起来，其实这是错误地理解了忧郁。要知道，忧郁意识曾经是人类诗性文化的源头，是造就艺术伟人所不可或缺的精神养分。契科夫曾表示："我的忧伤是一个人在观察真正的美的时候产生的一种特殊的感觉。"从这个意义上来说，忧郁意识是一种更为成熟的生命体验。在忧郁体验里我们意识到痛苦、不幸等负面现象所具有的正面意义。

对于 4 号浪漫主义者来说，他们更愿意接受这种强烈的忧郁。因为这种伤心的感觉能够唤起他们的想象力，让他们觉得和远方的某种事物建立了联系。对于 4 号浪漫主义者来说，忧郁是一种情绪，这种情绪能够让他们的生活得到升华，让他们感受到情感的细微变化。

4.让沉迷缺失的 4 号珍惜当下

4 号浪漫主义者因为内心有着强烈的缺失感，因此他们总是将注意力放在自己缺失的那一部分上，总在寻找能够弥补自身缺失的美好事物。 然而，现实往往不遂人愿，当他们在现实生活中寻找不到自己想要的美好事物时，内心的负面情绪就会爆发，他们开始感到忧郁。 这时，他们就会将注意力完全沉浸在自己的想象中，因为在想象中他们能够得到那些美好，他们的缺失也能得到弥补。 总之，当 4 号浪漫主义者在现实生活中遭遇挫折时，他们会利用丰富的想象来弥补。

世界上有三种人：第一种人只会回忆过去，在回忆的过程中体验感伤；第二种人只会空想未来，在空想的过程中不务正事；只有第三种人注重现在，脚踏实地，慢慢积累，一步一步地走向未来。4 号浪漫主义者具有前两种人的特征，但这两种人都不能为自己谋取幸福。

沉湎过去只会使得 4 号浪漫主义者迷失现在的一切。 对过去的怀念或追悔，只能徒增自己的烦恼。 想象终究不能替代现实，现实生活中发生的问题终究要在现实生活中解决，4 号浪漫主义者必须回到现实生活中，找到切实可行的解决办法。 也就是说，只有 4 号浪漫主义者开始懂得珍惜当下，他们才能真正体会到生活的快乐。

当面对喜欢沉浸在自己情绪里的 4 号浪漫主义者时，人们需要帮助他们珍惜当下的生活，体验真实生活中的欢欣与悲喜，促使他们关注那些更积极的事情，全面地考虑问题，这样才能获得快乐。

5. 引导 4 号的嫉妒心理往正向发展

因为内心存在强烈的缺失感，所以 4 号浪漫主义者总喜欢有意无意地和他人进行比较。 这种比较可能是很小的事情，如穿着；也可能是很大的事情，如自己的朋友或者同事获得了升迁。 在这些比较中，追求独特的 4 号浪漫主义者极容易因为自己某些方面比别人差而产生嫉妒心理。

从心理学的角度分析，嫉妒是由于别人胜过自己而引起抵触的消极的情绪体验。 当看到别人比自己强时，心里就不是滋味，于是就产生了一种包含着憎恶与羡慕、愤怒与怨恨、屈辱与虚荣以及伤心与悲痛的复杂情感，这种情感就是嫉妒。

嫉妒心理不但影响身心健康，还影响学习工作。 嫉妒直接影响到人的情绪，而不良的情绪会大大降低学习或工作的效率。 另外，嫉妒心强的人事事好胜，常想方设法阻止别人的发展，总想压倒别人。 这可能会给自己营造一种不良的人际关系氛围。

人们在与 4 号浪漫主义者交往时要尽量避免带有炫耀的口吻或行为，还要引导他们的嫉妒心理往正向发展，帮助他们正确看待人与人之间的比较，帮助他们把嫉妒、自傲或者自卑的情绪变为真诚的欣赏，和他人建立和谐的人际关系。

管理 4 号员工：关注其独特性

　　追求独特的 4 号最看不起的就是钱本位。 如果你对 4 号说：
"这件事你就照我说的办，你一定会赚到很多钱。"那么 4 号只会
用不屑的眼光望望你，心里说："就知道钱！满身的铜臭味！我可
是有伟大理想的人呢。"

　　　有一个 4 号最近跟领导闹矛盾了，她很苦恼。事情是这
样的：这个 4 号是一个幼儿园老师，她想给班上的小朋友添
一些玩具。但是园长觉得没必要，告诉她："我们没有钱添
置这些东西，你要清楚，我们是在做生意，是要赢利的。"
她委屈地说："我做幼师是想滋润孩子的心灵、想象力和灵
魂，在品质上怎么能打折扣呢？"

　　这个 4 号幼师遇到的难题也是许多的 4 号经常遇到的。 对于 4
号来说，他认为自己的创意是最棒的，即使他的创意在某些地方其
实很平常，他也会拒绝承认。 因为他对自己对美的感受力，对自己
的创意，太过自信了。 要说服 4 号承认这一点可不是件容易的事
情。 如果直接压制，就会使 4 号失去工作的热情，就像上面那个被
领导打压的 4 号幼师，她正在考虑辞职。
　　跟 4 号沟通，千万不要用打压法，4 号是非常自我的类型。 你
可以先认同他的远大目标，然后跟他说不能实施他的方案是有客观
原因的，当然，一定要说出个一二三来，要让他清楚你是在否定这
件事，而不是他这个人。 跟 2 号一样，4 号也经常是人、事不

分的。

因为 4 号讨厌平庸，所以他经常为自己的行为找伟大的目标，会在具体做某件事情时，舍掉简单易行的办法，转而去找一些看起来很难的方式。

比如，你让 4 号帮你买一份桂林米粉，4 号可能就会跑到全市最有名的做桂林米粉的地方去给你买。为了买这份米粉，他跑了大半个上海，而你则饿了两个小时。你说："随便在哪里买一份就好了。"他却说："只有这家的米粉才是正宗的桂林米粉呀。"你只是想填饱肚子，他追求的却是吃的品位。

所以，4 号在向你汇报某个项目时，可能会给你描绘出一个美好的前景来。当然，你应当让他说出自己的感受来。如果这时你打断他说"告诉我具体的事实就可以了"，4 号便会很受伤。

同时，你要尊重 4 号的感受，认同 4 号的情感体验。上文提过，4 号是天生的悲观主义者，不要以为跟 4 号喊几句"一切都会好起来""往好的一面看"，4 号的情绪就会好起来，就会快乐起来，就会变得乐观了。听到那些话，4 号只会觉得你不理解他，从此对你锁上心门。还有，永远不要对 4 号说"你怎么会这么想呢"，这只会让 4 号离你更远。

4 号员工需要让自己感到与众不同。当他们受到业内重要人士的认可时，他们就会兴高采烈，积极表现。额外奖励和特殊对待非常重要。他们不喜欢被"同等对待"，他们不会高兴自己成为大众的一员。他们最敏感的是比较性的批评。

"你为什么没有张三做得好？"

"你可以比李四做得更好！"

4号需要被倾听，需要让他们的观点得到认可。只要他们认为工作是有价值的，即便是很普通的工作，他们也会兴趣盎然。他们能够让普通的事物变得特别，能够启发他人用不同的眼光去看待日常工作。他们能让平凡升值，让普通变得意义重大。只要他们认为有意义，哪怕是劈柴打水，他们也愿意。

对于一项有意义的事业，4号的忠贞度是高的。只要工作本身有价值，他们也会从工作中发现自己的价值。

怎样与 4 号上司相处

　　4 号管理者是独特的、有品位的，比如苹果公司的前 CEO 乔布斯。 在大学仅待了 6 个月的乔布斯却成了苹果公司的代表人物，就连苹果公司的 LOGO 都是缺了一角的苹果，这代表 4 号的缺失美。苹果的每一款产品都如此与众不同，在许多人的观念里，用苹果的产品就代表着品位与格调。 从永远都是蓝色牛仔裤、黑色 T 恤衫的乔布斯身上，我们可以看到为什么苹果能有股独特的气质。

　　"你的时间有限，所以不要为别人而活。 不要被教条所限，不要活在别人的观念里，不要让别人的意见左右自己内心的声音。 最重要的是，勇敢地去追随自己的心灵和直觉，只有自己的心灵和直觉才知道自己的真实想法，其他一切都是次要的。"这就是 4 号的宣言。

　　4 号从来只相信自己的直觉，什么市场调查，他们一概不管。

　　　　当年杨惠姗和张毅创办琉璃工房就是这样。当时很多国家的玻璃艺术家不过是在自家后院（或车库）放一座炉子，每年做两三件产品，卖掉就可以收支平衡了。而他们却把淡水工作室盖得像搭电影布景那么大。几年以后，他们又在上海盖了工作室，比淡水工作室还要大。

　　当然，4 号的直觉也出人意料地准，今天的苹果和琉璃工房都是证明。 4 号领导者最大的魅力就是他自己，他浪漫、热情而任性。4 号的热情不同于 3 号和 7 号。 3 号和 7 号是激发他的员工，让员工也充满热情；而 4 号却能够让员工对他充满一种情感上的认同。

比如乔布斯，苹果的员工甚至说："我为乔布斯工作！"

4 号的领导者不喜欢在员工面前掩饰自己的心情。 他今天不高兴了，进公司可能就会板着脸；他今天心情好，就会跟每个人打招呼。 有个 4 号的领导者对我说，他的员工特别善解人意，只要他心情不好，员工就绝不会拿一些乱七八糟的事情来烦他。 他不知道，其实是他自己的脸告诉了员工"我很烦，别理我"，这样一来，员工哪敢烦他呀。

4 号领导者的权威来自他出色的创意。 这一点，无论是杨惠姗还是乔布斯，都是很好的证明。 但是，他们吸引人的地方也是令人厌恶的地方：不愿妥协。 4 号活得那么自我，又是领导，有时就会显得特别骄傲、特别固执。

远的我们不说，就说被媒体炒得沸沸扬扬的"天线门"。苹果的 iPhone4 由于天线问题出现了信号缺陷，乔布斯对媒体轻描淡写地承认了 iPhone 4 存在信号缺陷，同时又骄傲地指责"报道夸张"，并理直气壮地爆料"同行也存在相似问题"。

乔布斯这种强势的姿态，这种"真实的表达"，让消费者和同行都很生气。

4 号表现得最为专断的地方是他对自己创意的执着。 如果 4 号领导做的广告方案你去提修改意见的话，他会怒不可遏地压制掉你的想法。

对 4 号来说，工作绝非仅仅为了利润。 很多时间，4 号领导者愿意为自己的行动找到更伟大的目标。 比如杨惠姗，她做琉璃是为了中国文化的传承；而乔布斯就更厉害了，他是为了改变世界。 所以，在向 4 号作报告的时候，利润要讲，但做这件事的长远影响也要讲。

第六章

5 号人格：稳重理性的观察者

5 号性格特征全方位透析

5 号性格者的主要特征包括：

（1）私密。

（2）保持不被涉及的状态；感到威胁时，第一道防线是撤退。

（3）过度强调自我控制。

（4）情感延迟。 在他人面前控制感觉，等到自己一个人的时候，才表露情感。

（5）把生活划分成不同的区域。

（6）希望能够预测到将要发生的事情。

（7）对那些解释人类行为的特殊知识和分析系统感兴趣。

（8）喜欢从一个旁观者的角度来关注自己，与自己生活中的事件和情感隔离。

5 号性格者的内心如同一座壁垒森严的城堡，只有顶部开了几扇很小的窗户。 城堡的主人很少离开，总是躲在高墙后面偷偷审视那些前来敲门的人。

5 号性格者觉得自己小时候受到了侵犯，城堡的墙上出现了裂缝，他们的私密被偷走了。 他们的防御策略是撤退，尽量减少接触，把自己的需要最简化，尽量保护自己的私人空间。

他们过着隐居的精神生活，除了图书馆和海边，哪儿也不去。他们当然也可以和社会打交道，但往往是站在远处遥控。 他们让他人去完成与社会的正面接触，然后通过电话向他们汇报。 当 5 号性格者出现在公共场所时，他们会把真正的自己隐藏起来，让自己的感情最小化。

5 号总是避免与社会产生联系，他们喜欢不干涉、不参与、不涉及的状态。 金融交易在他们看来是危险的；责任是具有强迫性的；生气和竞争是需要控制的；情感关系则是一种拖累。

5 号还会因为他人的积极期待而感到压力。 除非他们获得的亲密关系能够保证他们的独立，否则他们就会想办法逃避，或者把这种亲密关系从生活中隔离出来。

5 号性格者对于那些让他们置身于众目睽睽之下的接触特别敏感。 向他人推荐自己，与他人竞争，或者向他人表示爱意或仇恨，都让他们觉得自己被他人所控制。 5 号总是远离那些要受到他人评判的活动。 他们会给予自己习惯性的自我保护，为自己营造一种优越感，认为自己比那些追求认可和成功的人更优越。 他们相信欲望和强烈的情感代表着自我控制力的减弱。 当他们看到自己能够轻松拒绝那些主宰了他人生活的需求时，他们会有一种成就感。

一点儿没错，他们非常独立。 他们能够一个人幸福生活。 他们的需求很少，他们能从自己的精神生活中找到巨大乐趣，不会为琐事浪费时间和精力。 他们之所以如此独立，是因为他们能够把自己的注意力从情感和本能中抽离出来，并强迫自己生活在自己的思想里。

当 5 号变得孤立、无法接触时，他们喜欢的私密变成了孤独。当内心对接触的渴望被唤醒后，5 号会发现自己很难和他人接近，他们常常会站在那里，看着自己的生命一点点流逝。

他们生活在不足的状态中，因为他们认为"独立"比满意更重要。 他们总是提醒自己，自身的欲望可能让他们与他人发生接触。他们内心空荡，无所求，他们依赖于自己已经拥有的事物——填补空间的纪念品和一些填补心灵的珍贵想法。

脱离了情感又渴望获得联系的 5 号性格者会花上大量的时间和

精力，希望与他们的本性建立起精神联系。他们会通过特殊知识来寻找这种联系。

观察者对那些深奥的科学，尤其是能够解释人类行为的系统知识特别感兴趣。通过掌握一门系统的学问，比如数学、心理分析学，或者九型人格，他们就能从思想上理解事物的相互作用，就能在系统中找到自己的位置。

他们很少去关心财富和物质享受。在他们看来，金钱的唯一好处就是能够让自己不受干扰，能够购买私密生活，能够让自己有更多时间去学习和追求他们感兴趣的方面。5号不会把自己有限的精力花在追求世俗物品上。如果他们继承了一大笔财富，他们会把钱储存起来，继续过独立而节俭的生活。如果生来就没有什么钱，他们也不会为了挣钱去给他人打工。5号会把时间和精力全部投入到精神学习和追求中。

5号性格者说，在没人的时候，他们的感情会更丰富。如果屋子里有其他人，他们很难表现出真我。孤独是他们获得丰富个人生活的基础。当他们独处时，他们反而能感受到与他人更强的联系，他们会记起他人说的话，而在真实的谈话中，他们却可能什么都不记得。在他们一个人的时候，他们能够自由地回顾一天中没有被察觉的感觉，这能让他们感到生活的快乐。

一个简单的聚会对于5号来说可能意味着很多，因为他们会在独处的时候，好好享受当时的感觉。5号有很多不同类型的朋友，他们和这些朋友之间分享某种特别的兴趣或感觉。尽管5号会珍惜这种双方之间的特殊信任，但是这些朋友可能永远也不会被5号介绍给别人，也不会知道5号生活中的其他事情。

5号性格者不需要言语就能感觉到与他人的紧密联系。5号十分重视朋友之间的礼仪，如果是聪明的朋友，他们就不应该期待5

号当着他们的面流露真情，或者在双方关系中表现得主动，他们应该把 5 号当作身边的观察者和建议者。

5 号不愿被牵扯到别人的生活中，宁愿脱离，也不愿参与。 他们对自己的义务和他人的需要感到疲惫，喜欢把责任和义务分清楚，不愿意接触其他人和事，也不愿去体验感情。

进化后的 5 号性格者可以成为优秀的决策制订者、象牙塔里的学者以及自我约束的修道士。

与 5 号相处金律：兴趣引导一切

1. 对独立感强的 5 号，顺着他的兴趣来说话

和九型人格中的其他人格类型相比，5 号观察者可以说是最不喜欢人际交往的人格类型。他们性情安静，喜欢独处。对于他们来说，没人的时候，感情会更丰富。他们认为，孤独是他们获得丰富个人生活的基础。当他们置身于人际交往之中时，他们常常会感到焦虑和不安，害怕他人侵犯自己的私密空间，因此他们总是有意在自己和他人之间营造距离感，努力将自己置于一个旁观者的位置，清醒地观察他人的行为，分析每一个人行为背后的动机，并做出正确的判断。

为了保证自己的独立性，5 号观察者习惯在与他人沟通时以自己的兴趣为导向，不太注意别人的感受。因此，大多数时候，5 号观察者与人交流的语气是非常平静和没有感情色彩的，非常有条理，而且言简意赅，绝不多说一个字。尤其是当他们对对方的话题不感兴趣的时候，更是惜字如金，很少发表意见，即便有，也是敷衍性地说几句客套话。

但是，如果 5 号观察者在沟通中遇到了他们感兴趣的话题，则不再沉默寡言，就会变得滔滔不绝，甚至主动找别人聊天，他们这样做是为了"收料"。只要对方在简短的几句话中有独特见地，就会吸引他们对其产生兴趣，但当他们收够"料"后，或者不能在对方的身上找到新知识时，态度就会冷淡下来，不再说话。不过，有时候 5 号观察者的沉默未必是拒绝，也许是在仔细地品味。

5 号观察者具有敏锐的观察力，因此他们对肢体语言非常敏感，

如果你没有表现出很感兴趣的样子，他们就会退缩并将自己封闭在内心的世界里，使你们的沟通变得很困难。 这时，人们需要在尊重5号观察者独立性的基础上，顺着他们的兴趣说话，这样往往能激发他们沟通的欲望。

2. 用热情融化5号的冷漠

5号观察者注重个人的私密性，他们努力营造一个不受外界干扰的个人空间，在这个空间里，他们感情丰富，脑子里充满了快乐的空想和有趣的问题。 一旦他们进入到现实生活中，他们的注意力就集中在对自我隐私的保护和对他人的防御上，他们总是感觉受到威胁，所以很难在别人面前表现出真正的自我。 他们只有站在旁观者的位置时，内心的恐惧感才会有所降低。 因此，5号观察者总给人一种冷漠的感觉。

5号观察者的冷漠并不是他们无情的象征，而是他们不懂得如何表达感情。 即便他们内心已是情绪激荡，表面上也会显得不动声色。 因此，人们在与5号观察者相处时，要学会习惯他们的冷漠，要以更热情的态度去对待他们，激发他们内心的热情，增强他们的主动性。

曾经有一个5号观察者这样描述自己的住院经历：

有一次我因为生了很严重的病而住进医院，全身不能动弹，终日躺在床上。我绝望极了，总觉得自己马上就要死了，感到痛苦万分。我住的病房很小，只有一扇窗子可以看见外面的世界，我的室友的床就靠着窗。他看我全身不能动弹，于是便努力给我解闷。他每天下午可以在床上坐一个小时，每次坐起来的时候，他都会描绘窗外的景致给我听。从窗口可以看到公园的湖，湖内有鸭子和天鹅，孩子们在那儿撒面包片、放模型船，年轻的恋人在树下携手散步，人们在绿草如茵的地方玩球、嬉戏。

我静静地听着，享受着每一分钟。室友的诉说几乎使我感觉到自己亲眼目睹了外面发生的一切，我忽然感到生命非常美好。

某天夜里，室友因为抢救无效去世，我搬到了靠窗的位置。当我用胳膊撑起自己，吃力地往窗外张望时，才发现窗外是一堵空白的墙。我愕然了，但我被室友积极的生活态度所感染，开始乐观地看待生活，我的身体也渐渐好转了。

故事中"我"化解了内心的冷漠，学会积极乐观地面对生活，并最终用热情帮助自己的身体更快恢复。由此可见，热情具有激发生命活力的力量。美国著名现代舞蹈家玛莎·格雷厄姆将热情理解为："一种生机，一种生命力，一种贯穿于自我的令人振奋的东西。"在人际交往中，热情的态度是获得他人信任、维持友谊的关键。

5号观察者多是面冷心热的人，他们面对人群表达自己时往往有困难，不善于表达自己的情感，因此总给人一种冷冰冰的感觉。然而，人们不要被他们的冷漠吓倒，而要表现出亲切的善意，以积极的生活态度去感染他们，激发他们对生活的热情。

3. 对注重隐私的5号，要亲密有间

5号观察者就像是一位冷眼旁观的裁判，用他的世界观来替整个世界做出评断。他们的性格如果用一种颜色表示的话，应该是灰

色。 他们像灰色一样无所不包，也像灰色一样低调不张扬，还像灰色一样与周围的世界保持距离。 他们总是一副不愿意与别人"深交"的样子，保持一种"君子之交淡如水"的习惯。 有些人看不惯观察者的交往艺术，认为这是冷漠。 其实，这恰恰是观察者深谙与人交往艺术的地方，因为保持距离是一种安全，也是让友谊长久的"保鲜法"。

从心理学的角度来看，5号观察者之所以要和他人保持距离，是因为注重个人私密性的他们害怕自己在和他人的接触中产生太多的情绪感受。 他们认为拥有情绪、会表达情绪、会变得情绪化的人就是"不正常"的人，唯有理智、客观的人才是"正常人"。 所以他们总是逃避人际关系，避免介入感情太深，不喜欢情感上的牵累，认为爱或憎会带来烦恼，他们觉得满足别人的期望及投入一段情感关系都是负累和约束，这会打扰自己的情绪和思想世界。

因此，人们在与5号观察者相处时，要注意保持距离，尊重他们的个人私密空间，做到亲密有间地交往，才能赢得他们长久的信任。

5 号人格员工的管理方法

给 5 号分派工作时，一定要给他思考的时间。 一个 4 号的领导者对 5 号员工说："我的直觉告诉我，这个项目必须马上做。"5 号会不以为然："直觉有什么依据呀？我要看到分析，有数据支持。"所以，想要说服 5 号行动，你只有一个办法，那就是有力的数据，严密的逻辑分析。 千万别逼迫 5 号，你对 5 号员工说："你现在、立刻、马上去做××事！"5 号会非常受不了，他立刻、马上的回答只有一个字："不！"这样的回答会让情绪化的 4 号领导很生气。 这是因为这个 4 号不理解他的 5 号员工。 对 5 号来讲，回答"不"只是一种应急反应，并不是说事情就这样结束了。 你得给他一些时间，让他慢慢想一想，分析分析。 对于新事物，5 号需要时间去理解、去分析、去研究，消化了之后他才会接受。

沟通时，你可以对 5 号说："这件事你不用急着答复，我给你几天的时间，你先考虑成熟以后我们再说下一步。"谈话一结束，5 号就会在专属于自己的空间里查阅大量的相关材料，不断地分析事情的缘由，一旦考虑清楚，他就会做决定了。

人际关系是 5 号最头疼的，他认为与人打交道既耗时又耗力，没有任何意义。 安排工作时，尽量让 5 号远离各种纷扰的人际关系。 5 号也讨厌很多人在一起开会。 相比而言，他更喜欢通过邮件来解决问题。 在会上，他就是一个冷眼旁观者。 这一点与 7 号不同，7 号是一到会上点子就源源不断地来了。 5 号还有一点与 7 号不同的是绝对讨厌"惊喜"。 7 号点子特别多，时不时地会有出人意料的主意，喜欢惊喜，也喜欢给人惊喜。 5 号却说："所谓的

'惊喜'，往往有惊无喜。"明天要做什么，后天要做什么，下个月要做什么，最好提前告诉他。

在这一点上，5号和1号似乎有些相似，都很重视计划，但他们的动机是不一样的。1号喜欢计划是因为他喜欢井然有序，他认为只有这样才是正确的；5号需要事先知道事情的发展是为了安全，"出人意料"的情况会让他无法应对。所以，5号的时间是需要"预约"的。他的所有时间都是他自己的，无论上班还是下班，你不预约就别想占用他的时间，即便你是他的上司。5号说："我思故我在，我不是在思考就是在准备思考。"你要是没有预约就想占用5号的时间，5号会发怒。

如何与 5 号人格上司相处

通常，5 号上司不太受员工欢迎，员工们这样评价 5 号上司："那个人太冷冰冰了！""跟他在一起就像跟一台机器在一起一样。""他是一个没有人情味的人。"听到这样的评论，5 号上司也很冤枉，他说："我真的也想了解我的员工，想跟他们说说体己话，但是我一接近他们就会感觉不安。"

不要怀疑 5 号的真诚。我们说每个人都有自己的安全距离，2 号的安全距离相对较少，5 号的安全距离却特别大。2 号需要肢体的接触来消除心理上的疏远，而 5 号却是必须在身体上保持一定的距离来保证自己心理上的安全。5 号的人会自觉地与其他人在身体上保持一定的距离，这一点，会让 2 号的员工很受伤。

在 5 号手下干活，你必须严谨起来。你对 5 号说"我们上半年的发展很迅速"，5 号会抬起头问："从哪里看出来的?"像"很""非常""特别"这样的程度副词都得不到 5 号的回应，5 号想知道的是"上半年的利润是 500 万，比去年同期提高了 20 ％"。他们只相信数字。

除了冷漠，5 号上司让下属诟病的另一大毛病就是小气。5 号总是严格地控制财务支出。一位 5 号上司曾说："我的员工每天一拿起电话就打个没完，我决定在公司搞一套专用的电话，如果打电话超过十分钟就自动断线。"5 号就是这样，有时为了这些省钱的小措施打击了员工的积极性，因小失大，可他却没有意识到。

5 号上司还有一个特点，就是对自己的知识特别自信。有一个 3 号员工很委屈地跟我抱怨他的 5 号上司："他总是说我笨。不管我的材料准备得多么完善，他总是能挑到我没有准备好的地方问我，一看到我答不出来，就用不屑的口气训我'怎么连这都没想到呢'？我知道，他的潜台词就是我比他笨。他觉得天下人就他聪明。"

　　跟着5号，你还要学会的一点就是独立，别指望他会帮你解决问题。5号上司自己独立工作惯了，会觉得你也应该这样，不到最后关头，可别想他伸手。这也是员工觉得他缺少人情味的一个方面。

　　但5号好的一点是绝对的理性。他可能不喜欢你这个人，却能够公正地评价你的能力，这一点2号的领导者就做不到了。如果你跟2号的领导者关系不好，那你的工作就要"抓瞎"了。而跟着5号干则不用担心这个，他们不会把个人的喜好带到工作当中。5号上司虽然不愿意跟下属有亲切的互动，却会不动声色地观察每一个人的表现。你擅长什么，不擅长什么，他看得非常清楚，并且会公正理性地看待每一个人。

5 号观察型客户的相处之道

观察型客户就像古代那些在深山里居住的隐士和闭关修炼的道士，注重自己内心世界的宁静，追求心灵的一方净土。 他们喜欢独处，远离繁华，对人和事多采取遥控指挥的方式。

观察型客户对非言语的征兆非常敏感，如果你没有表现出很感兴趣或不具威胁的样子，他们就会退缩并将自己封闭在自己的世界里，从而给你们的沟通造成困难。 万一在沟通的过程中他们退缩了，也不要太放在心上，切记观察型客户在表达自己这方面有困难。 另外，观察型客户在自己的心里都构筑了一道防线，因此你一定要尊重他们的界线，如果你必须跟他们谈话，要事先知会他们，要给他们单独的时间去做决定。 虽然人们都喜欢被称赞，但是对于观察型，你千万不要过度赞美——你只需要表现出对他们的信任，相信他们能做得很好就足够了。 当你要求某件事，请确定你的表达方式是一种请求，而非要求，观察型需要看到你对他的尊重。

对于销售来说，在拜访之前一定要事先预约好，在其空闲的时候拜访。 同时，在交流的时候，也要注意不侵犯他的个人空间，最好能投其所好地请教其专业问题，取得对方的好感与认同。 如果希望能得到观察型客户的签单，你的产品介绍书、公司简介、计划书等一定要专业细致、逻辑性强、经得起分析和推敲。 千万不要认为观察型客户是外行，如果你这样想，就大错特错了，可能他研究得比你更透彻！

第七章
6 号人格:谨慎多疑的怀疑论者

6 号的主要性格特征

6 号性格者的主要特征包括：

（1）推延行动。 用思想代替行动。

（2）工作无法善始善终。

（3）忘记对成功和快乐的追求。

（4）对权威的极端态度：要么顺从，要么反抗。

（5）怀疑他人的动机，尤其是权威人士的动机。

（6）认同被压迫者的反抗事业。

（7）对于被压迫者或者强大的领导者表现出忠诚和责任。

（8）害怕直接发火，把自己的怒气归罪于别人。

（9）疑心很重。

（10）在环境中搜索能够解释内在恐惧感的线索。

6 号性格者通过强大的想象力和专一的注意力来获得直觉，这两种能力都来自于内心的恐惧。

为了消除这种不安全的感觉，6 号性格者可能会选择一个强有力的保护者，也可能站在怀疑论者的立场上，对权威提出批判。 一方面，他们希望能够找到一个领导者，把自己的忠诚奉献给一个能够保护他们的组织，比如教堂、公司或者学校；另一方面，他们又对权威的等级层次相当不信任。 对权威的怀疑，让他们既表现出顺从的姿态，同时又带有怀疑的眼光。

当既定目标被物化时，他们的焦虑也随之增加。 他们犹豫不决，并不是因为他们对于自己的工作有任何困惑，而是因为他们怀疑自己的能力，而且相信自己的成功会让那些充满敌意的权威注意到他们，从而设法阻止他们的努力。

这种反对权威的立场让6号性格者逐渐表现出受压迫者的反抗特征。 当他们遇到困难时，他们会冲在最前面；当他们的朋友需要帮助时，他们会英勇地牺牲自己的利益。 他们对于那种"我们反对他们"的立场特别忠诚，因为一旦坚定了立场，权威的意图就会变得相当明显，他们就可以采取清楚的行动。

怀疑论者相信他们能够看穿那些华而不实和虚伪错误的表象。害怕在竞争中处于不利地位的他们，总是保持着谨慎的态度，防止自己被他人的花言巧语和阿谀奉承所欺骗。 他们曾经在放松警惕的时候受过伤害，所以"一朝被蛇咬，十年怕井绳"，即便他们得到的是关爱，他们也会提高警惕。

他们的注意力就像一台红外线的扫描仪，总是在环境的各个角落里搜索那些可能对他们产生危害的迹象，总是想检查他人的内心，看看他们的真实想法到底是什么。 表面现象的背后隐藏了什么样的事实，微笑面孔的背后又有什么样的企图？6号性格者总是想弄清楚这些问题。 他们总是能在争论中击中他人的弱点，发现隐藏在背后的力量。

当6号性格者接到警报，或者感觉到内心受到威胁的时候，他们对外界的关注反而会变得更加强烈。 内心越是痛苦，他们就越是喜欢往外看，结果常常找错了让他们感到警惕的原因。 总有些事情让他们感到害怕，而6号总认为让他们不舒服的原因正是他人的恶意。 带着这种先入为主的偏见，他们往往会觉得他人是"话里有话"，不管别人怎么说，他们都会觉得对方不怀好意。

总之，6号性格者总是用怀疑的目光看待一切，因为怀疑而害怕，而疲惫。 他们用思考代替行动，在采取行动的时候犹豫不决，害怕受到攻击。 他们对失败的原因非常敏感。 他们反对独裁，愿意自我牺牲，而且非常忠诚。 怀疑的态度会产生两种极端：恐惧症型的 6 号性格者觉得自己受到了迫害，急于屈服以保护自己；反恐惧症型的 6 号性格者虽然也一直处于顾虑之中，但是他们能够站出来面对恐怖，以积极主动的方式化解疑惑。

　　进化后的 6 号性格者能够成为团队中的好成员、忠实的战士和朋友。 当他人在为自身利益工作时，他们会为了某种理想而工作。

与 6 号人格的相处之道

1. 对防备心强的 6 号，坦诚相待

在九型人格中，6 号怀疑论者绝对属于庸人自扰的一类。 他们常常被精神上的单调无趣所困扰，经常质疑自我能力，并焦虑别人在忙些什么。 在人际交往中，他们十分担心自己会被利用、被抛弃。 为了避免这种情况的发生，6 号怀疑论者有着极高的警惕性，他们不停地防备真正或假想的威胁。

尽管防备心强的 6 号怀疑论者内心充满了担忧，但他们不会在外表上表现出来，而是会以随和的态度，以旁敲侧击的方式试探他人的反应，探知他人的真实意图。

人们在与 6 号怀疑论者进行沟通时，要尽量坦诚相待，不要兜圈子，内容要精确而实际。 因为 6 号怀疑论者特别敏感，会觉察到你隐藏的动机和目的。 也不要赞美他们，因为他们是多疑的，很难相信你对他们的赞美。 更不要讥笑或批评他们，这会使他们更缺乏自信。 总之，只要你能保持你的一致性，自然会让怀疑论者对你产生信任。

2. 对多疑的 6 号，多包容少猜疑

6 号怀疑论者有着强烈的不安全感，因此他们在为人处世时相当小心谨慎，总是对可能存在的风险及问题感到忧心忡忡。 他们对于环境中的任何一个细微变化，都会十分敏感，这份敏感并不是体察对方的感受，而是通过察觉对方的变化来体会自己内心的感受，而后以逻辑的方式根据这份感受梳理出自己对变化的判断，继而判断所处环境是否安全，自己是应该静观其变，还是应该抽身离去。

总之，在他们看来，怀疑是必需的，有助于他们做出正确可靠的抉择。

由此可知，如果人们在与习惯猜疑的 6 号怀疑论者交流时，也采取猜疑的态度，只会加剧他们的不安全感，恶化彼此的关系，甚至可能激起他们强烈的反抗。

生活中，哪怕是一点点的猜疑，也可能让人失去最珍贵的东西——信任。 猜疑的人往往对别人的一言一行都很敏感，喜欢分析深藏的动机和目的。 这种猜测往往缺乏事实根据，只是根据自己的主观臆断推测、怀疑别人的言行，结果可想而知。

人们在与怀疑论者的交往过程中，需要多包容他们因缺乏安全感而引发的猜疑行为。

3. 给优柔寡断的 6 号足够的思考时间

6 号怀疑论者的内心存在着强烈的不安全感，而且他们习惯负面思考，总是将身边的人或事看作可能伤害自己的危险因素。 为了使自己避开危险，处于一个安全稳定的环境，他们总是疑神疑鬼地观察周围的一切，很难对周围的人或事产生信任感。

6 号怀疑论者的心理阻碍了他们的行动，促使他们难以做出决定，也就容易给人一种优柔寡断的印象。

从心理学的角度来分析，6 号怀疑论者之所以优柔寡断，主要是因为擅长洞察他人内心的他们其实不了解自己的内心世界，即他们的注意力是朝外的。 当感觉受到威胁时，这种倾向会更加明显，他们往往把自身受到的威胁归因于他人的恶意。 也就是说，6 号怀疑论者因为害怕按照自己的意志行事，所以大多缺乏实施行动的能力。

因此，人们在与 6 号怀疑论者相处时，首先要看清他们优柔寡断的性格。当你需要他们做出某项决定时，千万别急，试着鼓励他们"再考虑考虑看"。此外，你还要与他们分享你的观点、意见、理由，再给他们足够的时间和空间好好分析利弊，帮助他们将优柔寡断转变成心思缜密，这对你们都有好处。

4.用持续的聆听和支持打消 6 号的疑虑

在人际关系中，6 号怀疑论者的怀疑和不安全感会导致他们经常需要确定他人的友好是否属实，并且需要他人的不断表达来印证。偶尔他们还会试探对方的忠诚度，以暗示性的询问来寻求所谓的真相，以此获得安全感。

同时，6 号怀疑论者的多疑性格还让他们总是在猜测他人行为背后的动机，有时甚至会臆想他人行为背后是否有什么暗示，这就导致他们太过于敏感。

正由于 6 号怀疑论者经常受到不安全感的折磨，他们才需要寻找到可以互相信任、互相扶持的人做朋友。6 号怀疑论者总是希望自己的朋友是坚强并有承担力的，可以为他们遮风挡雨，在他们犹豫不决时在旁指引方向，在他们被欺负时为他们讨回公道。当然，这并不是说 6 号怀疑论者是软弱的懦夫，而是习惯猜疑的他们其实内心一直在寻求他人的肯定，因为他人的肯定和支持会给予他们安全的感觉，他们的潜力只有在安全的环境里才能被发挥出来。

当潜能被激发出来，6 号怀疑论者能感到全身充满了力量和勇气，可以勇敢地迎接外在世界的层层险阻，因为他们知道，这世上至少还有人在守望他们，在他们背后不断地给予他们支持和鼓励。

6 号员工的管理艺术

6 号员工在工作中会有什么样的表现呢？我们可以看看文学史上有名的 6 号下属——《西游记》中的沙和尚。

沙和尚原本是天上的卷帘大将，由于不小心打了一个玻璃瓶被逐出天庭，成了流沙河的妖怪，后来被观音菩萨劝化，保佑唐僧西天取经。

取经路上，沙和尚的工作是什么呢？大家最常见的就是挑行李。这无疑是一项最苦最累最不起眼的工作。在沙和尚没有加入的时候，这项工作由猪八戒担任。猪八戒是 7 号，最好享乐，有了新人立刻就溜了。6 号最大的优点就是勤恳，只要指示明确，就是百分百执行。所以即使是挑行李这样一项最艰苦、最平常、最枯燥又最默默无闻的工作，沙和尚依然圆满地完成了。

一旦目标明确，6 号无疑会成为组织里一直最坚定的人。在去西天的路上，孙悟空两次离开唐僧，猪八戒说过许多次要分家回高老庄，唯有沙和尚从来没有离开过唐僧。这一方面是因为 6 号无比坚贞的忠心，另一方面则是因为对权威人士观音菩萨的信任。6 号是有着诸多犹疑的人，沙和尚之所以坚定不移地跟随唐僧去西天取经，因为他知道，一路上虽然辛苦，虽然会有许多危险，但最后菩萨总会帮助他们渡过难关。看《西游记》就知道，八十一难中很少没有菩萨相助的。

所以管理 6 号，就一定要让 6 得到清晰的指引，告诉他危机在哪里，并承诺会为他的行动负责。 这样，6 号就有可能成为坚定的行动派。

很多时候，6 号员工是默默无闻的一群人。 而一旦 6 号相信自己的团队，并能够得到团队有力的支持时，他们就会爆发出强大的力量。《西游记》中，很多人都质疑沙和尚的武功，因为很多时候他对付的只是一些小妖。 沙和尚的功夫到底如何？我们看看《西游记》第五十七回"真行者落伽山诉苦，假猴王水帘洞誊文"中的描写：

那行者道："贤弟，你原来懵懂，但知其一，不知其二。 谅你说你有唐僧，同我保护，我就没有唐僧？我这里另选个有道的真僧在此，老孙独力扶持，有何不可！已选明日起身去矣。你不信，待我请来你看。"叫："小的们，快请老师父出来。"果跑进去，牵出一匹白马，请出一个唐三藏，跟着一个八戒，挑着行李；一个沙僧，拿着锡杖。这沙僧见了大怒道："我老沙行不更名，坐不改姓，哪里又有一个沙和尚！不要无礼！吃我一杖！"好沙僧，双手举降妖杖，把一个假沙僧劈头一下打死，原来这是一个猴精。那行者恼了，抢金箍棒，率众猴，把沙僧围了。沙僧东冲西撞，打出路口，纵云雾逃生道："这泼猴如此愈懒，我告菩萨去来！"那行者见沙僧打死一个猴精，把沙和尚逼得走了，他也不来追赶，回洞教小的们把打死的妖尸拖在一边，剥了皮，取肉煎炒，将椰子酒、葡萄酒，同众猴都吃了。另选一个会变化的妖猴，还变一个沙和尚，从新教道，要上西方不提。

这里的"行者"是六耳猕猴。我们都知道六耳猕猴好本事，和孙悟空从地下打到天上都难分胜负，一直斗到了如来老佛祖的面前，遭如来金钵盂暗算之后死在了孙悟空手里，可见六耳猕猴与孙悟空的本事是难分伯仲的。可是在这里，沙和尚却在六耳猕猴的眼皮底下杀了人，并成功突围，可见沙和尚的本事也是不小的。

管理者同样不能忽视的是作为团队润滑剂的 6 号。许多情况下，2 号会充当这个角色。但只要管理者仔细观察就会发现，6 号员工也有非常好的人缘。沙和尚就是这样，取经团队中没有人对沙和尚有意见。而且，八戒、悟空、唐僧三人之间经常爆发的小误会、小摩擦什么的，一般都是沙和尚在调节。

总之，管理 6 号这样的员工，首先你要成为权威。6 号虽忠于权威，但反抗假权威，如果你名不副实，他就会不服。另外，给 6 号明晰的指示，让他大胆去干。6 号焦虑特别多，如果前路不明晰，他就会犹疑不决，就不能行动了。

我们在分析 6 号型人时说道，他们的常用词汇就是"慢""等等""让我想想"。为什么会说这样的话呢？这代表着他们内心的犹豫不决，拿不定主意。

如果你是领导，吩咐 6 号员工去做一件事情，交代完之后，你就问道："就这项任务，明天下班之前必须完成，你能不能做到？"看到你严肃的样子，他开始犹豫，说话支支吾吾，含糊其辞。你一着急，又问了一遍，他可能不太肯定地说道："哦，这个嘛……"接下来他又停住不说了。你可能急了，问道："到底能不能完成，现在就回答我。""我想八成大概差不多。"一系列模棱两可的话叠加起来，表示非常不确切。因为他们不敢肯定，内心也不知道到底能不能完成。 为了给领导一个明确的答复，甚至憋得脸红脖子粗，汗都流下来了，但还是不能肯定。

这个时候，你就不要再逼问了，再逼问下去只能是使他们在答案之中叠加更多的模棱两可的词汇。 若你态度亲切而坚定地说道："放手去做吧，出了事有我呢！"他们一听，立刻如释重负，带着必胜的信心去做了。

6号员工最大的问题就是面对事情畏首畏尾，犹豫不决。 面对一个新的目标或者新的选择时，他们的内心很痛苦，因为他凡事都往坏处想：没成功时，会努力想成功，快到成功时，又惧怕成功，因为他们想到成功后，可能还会带来许多的麻烦和问题。 在他们的思维里，常常出现这样的句式："是的……但是……"他们可能会说："是的，我非常想成为一名有名的演员，但是成名之后，那么多麻烦，就没有自己的生活了。""是的，我非常想嫁给他，但是一旦结婚后，他可能就不会这么爱我了，而我也可能不像现在这么爱他了。"这种"是的……但是……"使他们犹豫不决，在做一件事时总是拖延，而且很难对一件事善始善终。 但是，当有人愿意为他们的行为"埋单"时，不论做好做坏，有人替他们承担责任，这时他们所担心的事都成为多余的了，便会踏实地去做事，一往无前了。

6号员工爱犹豫，不敢冒险，没有胆量，没有决断能力，这些都是需要克服的问题。

当我面试他时，他坐在我办公台对面的椅子上，肌肉拉得紧紧的，双肩向前倾，面部表情紧张，甚至可以说是带点慌张。我看着他的眼睛，询问他的工作经历时，他看我一眼后，就把视线移走，去盯住我办公桌上的绿植，他不愿意与我进行眼神交流。他说话有些颤抖，声音颤颤巍巍的，我不知道是出于紧张，还是他这种性格的人所独具的特点——在权威面前没有信心。当我让他说一下对自己未来的规划时，他半天切入不了正题，总是在无关紧要之处绕来绕去。我知道他是想又快又好地回答我的问题，可事实上却事与愿违。

不过，我还是留下了他。因为我从他不敢与我进行眼神交流中，看出了他是一个很顺从的人。而且，他这种说话不嫌啰嗦、绕来绕去地说，对于他所应聘的销售职位来说也是一件好事。面对客户时，如果他绕着弯子说，不切入正题，客户以为他是竭力在做推销，可能会被他这种真诚所打动。事实上，我的判断是正确的，他来到我的公司，销售业绩很好。

可是有一次，他却与一位顾客发生了争执，那位顾客拿着已经过了"三包"和保修期的一件产品来要求退货。这位员工按规定回拒了，可是顾客不依不饶，决定要找消协、找媒体给我们曝光。这种事情我是经历过的，顾客是上帝，但是我们只对好心的上帝客气，对这种成心搞破坏的"上帝"，还是不客气的。

可是这位员工却慌了，他来找我，问我该怎么办。他非常担心，担心被消协处罚，担心被媒体曝光，影响我们产品的声誉，进而导致销售量下降，进而导致公司亏损，进而导致公司倒闭，进而导致我们流落街头……一连串最坏的结果都被他想到了，甚至到最后我们被追债。

看他满脸忧虑的样子，听着他说出一连串的担心，我认真地听着，然后反问道："这种情况，你觉得应该怎么办才好呢?"

虽然他看上去非常焦虑,可是他明确地知道该怎么做:"消协来调查就实话实说,媒体来采访也实话实说,身正不怕影子斜。消协见客户用的产品过了'三包'和保修期,会自动说服他们的。媒体若是想挑事,可以到消协那里找证据来解决。"

听了这位员工的这番话,我发现他是知道该怎么做的,只是担心出现最糟的情况,于是我态度坚决地对他说道:"放心去做吧,出了问题有我呢。没事的,这事我心里有底。"他如释重负,去消协解决了这个问题。

一个领导,身边应该有两个6号型的员工,他们在危难的时候,能对你忠心耿耿。 对于他们的管理方法,只要吩咐他们在做事时说一句"放手去做吧,出了事有我呢"就万事大吉了。

与6号上司相处的艺术

希特勒是6号，通过他，我们来看看6号上司的一些特质。

希特勒是第二次世界大战的主要发动者，德国纳粹党党魁。 一般的6号看人是躲躲闪闪犹疑不决的，但有个别6号却喜欢故意定定地盯着别人看。 这一点在希特勒身上特别明显。 许多同时代的人都表示对希特勒的目光记忆深刻。

阿尔贝特·施佩尔在他的回忆录《第三帝国内幕》中曾讲到一次跟希特勒的"眨眼决斗"。施佩尔说："谁能说清楚，这种眨眼决斗中到底有多少是从原始中生出的直觉与天性……这一次我不得不集中全身所有力量，以一种近乎非人类所能达到的力量去坚持，努力使自己不要眨眼认输，时间在这一刻仿佛凝固了一般。"可希特勒一直盯着施佩尔看，等待着施佩尔屈服认输。后来，希特勒因不得不转身回答邻座一位女士的问题退出了这场决斗，让施佩尔松了一口气。

法国外交官罗伯特·库隆德尔则觉得被希特勒的目光刺穿，神情呆若木鸡；剧作家格哈特·豪普特曼则形容初见希特勒那双魔眼的时刻为一生中最为重要而又伟大的时光；美国外交官的女儿马莎·多德说希特勒的眼睛"令人心惊肉跳并且难以忘怀"；尼采的女儿伊丽莎白形容这双眼睛所发射出的强大力量，能将她的内心深处看穿。

与 6 号上司相处，最难得到的就是信任。一旦得到 6 号的信任，那绝对是一件幸事。

与 6 号领导者相处，最重要的一点就是忠心。但是要让 6 号上司欣然接受一个人真的是太难了。

比如刘备，他也是一个 6 号领导者。直至死，他对诸葛亮还是充满了疑虑。所以白帝城托孤，他对诸葛亮说："君才十倍曹丕，必能安邦定国，终定大事。若嗣子可辅，则辅之；如其不才，君可自为成都之主。"同时，还任命李严为太子太傅，这其实就是在平衡诸葛亮的势力，担心诸葛亮谋反。后来诸葛亮的几次北伐没有成功，很大原因就是李严拖了后腿。毛宗岗评《三国演义》时就很直率地说："或问先主令孔明自取之，为真话乎，为假语乎？曰：以为真，则是真；以为假，则亦假也。"到死刘备还是对诸葛亮有猜疑的。

再看希特勒。他虽然对爱娃好，可直到死前几个小时才跟她结婚。一直以来，除了几个亲信，很少有人知道爱娃的存在。可见，他也不是完全信任爱娃。

对于 6 号来说，忠诚胜于能力。

6 号上司最让人郁闷的一点是犹豫迟疑。比如刘备，他的人生目标是很清晰的，匡复汉室。但是，在完成这个目标的过程中，他一直在不断地寻找际遇与依赖。他曾经投靠过公孙瓒、曹操、袁绍、刘表，在这些人当中不断地选择，直至自己壮大起来。6号的领导者就是这样，作决定很难，小心翼翼，有时显得优柔寡断。

6号的成功源自坚持。刘备虽然一直挨打，但没有放弃，直至三分天下。

6 号疑虑型客户破解之道：破疑式

　　破疑式一方面是指要破 6 号的怀疑，才能成交；另一方面是你也要善于把握他们的疑虑心态，善用这一点才能促进销售。疑虑型所看到的世界充满威胁和危机，所有事物都难以预测，难以肯定，他们坚信"君子不立危墙之下"，凡事要先谋而后动，做什么事情前，一定会尽量想清楚，计划好，从而逃避、远离抑或是面对、冲破那份危险。若他们选择面对危险，就会勇往直前，以即时行动去掩盖不安情绪；若他们选择逃避危险，则会通过向他们信任的人发问、搜集资料、进行分析，务求找出一个最好的方法预防任何危机出现。

　　在工作生活中，疑虑型总是迟迟不愿采取实际行动，因为在他们看来，失败的恐惧往往比成功的希望要大得多，这种行动上的犹豫不决在很多情况下是一种隐藏的习惯，这主要来自于内心的质疑，有时候可能本来有一个很好的想法，也产生了把想法付诸实践的冲动，但是注意力很快发生了转移，开始怀疑行动的正确性，他们常常会半途而废，留下一个没有完成的工作。

　　当然从好的方面来讲，疑虑型性格中的多疑、犹豫的习惯也可以变成有用的工具：对权威的怀疑能够变成具有建设性的批评；犹豫不决能让他们用更多的时间去思考和评估自己的想法，发现其中的漏洞；想象最糟糕的情况可以让他们有备无患。因为总是在思考问题，所以当问题真的发生时，他是解决问题的专家。

　　销售人员对于疑虑型客户，应该表现出欣赏他的忠诚、智慧、思考与解决问题的能力，同时肯定与他之间的关系，这种关系应该上升到朋友的层次，而不仅仅是销售者与销售对象的关系，开放、诚实地面对疑虑型客户，开诚布公地谈话，这样才能最大限度地消除疑虑型性格者的疑虑，赢得赞同。 一定要记得不要夸大他们，或者转弯抹角。

疑虑型本身是比较多疑的一类人，所以当你与他们定下清晰目标的时候，不要再有任何猜疑。 在沟通过程中，如果存在纷争，作为销售人员应该让他们知道你是全心全意在找出解决问题的方法。鼓励和帮助他们弄清楚事实与他们所担心的是否一致，问清楚他们感到疑虑的真正原因，从而打消客户的疑虑，赢得签单。

疑虑型会是保险公司的最佳客户，疑虑型在所有型号中应该是买保险最主动和最多的，如果业务员能快速找到疑虑型客户，一定可以有很好的业绩。 在向疑虑型客户销售保险产品的时候，也有一些应该注意的细节，除了要注重诚信、有一说一外，切忌夸大产品的保障功能，相反，你甚至可以跟疑虑型客户指出产品缺点。 我们面对别的类型的客户可能会向其反复说明购买某保险产品会给他带来什么样的好处和保障，但对疑虑型，你不应该这样，你应该告诉他不购买此产品的坏处，这对于疑虑型客户来说，是一个很有针对性的销售话术。

第八章

7 号人格:自由奔放的享乐主义者

7 号的主要性格特征

7 号性格者的主要特征包括：

1. 需要保持高度的兴奋。 同时参与多项活动，对很多事情都感兴趣。 喜欢保持感情的高峰状态。

2. 保持多种选择，并当作一种避免对单一任务进行承诺的工具。

3. 用快乐的精神活动，比如用谈话、计划和思考来取代深层的接触。

4. 避免与他人发生直接冲突。

5. 喜欢把信息相互关联进行系统分析，从不相关或者看似矛盾的观点中找到不寻常的联系和相似点。 善于从有困难或有限制的任务中理智性地逃脱。

7 号看上去一点都不害怕。 他们给人的感觉很放松、很阳光，喜欢计划并把计划付诸实行。 他们把自己的思想集中在对成功未来的规划上，多疑症状（6 号的表现）不会在他们身上出现。

7 号是恋青春狂，希望自己是永远长不大的孩子。 他们的性格也很像希腊神话中的美少年那西塞斯（Narcissus）。

每个人都需要一点点健康的自恋，我们都需要发现自己独特的价值和特质。 但是如果我们过于沉迷于自身的独特性中，而对于那些反映客观真相的建议视而不见，那就有问题了。 享乐主义者就是这样的人，他们坚信自己是出类拔萃的，他们只寻找那些支持他们观点的环境和人。 他们拥有细腻敏感的品位，希望享受生活中最美好的一切。 他们喜欢保持积极乐观的情绪，喜欢冒险，并对结果充满期望，似乎有一种化学力量让他们不断挑战极限。

7 号性格者的世界观在 20 世纪 60 年代的反文化运动（上世纪 60 年代美国青年人当中形成的一种以反战和反主流文化为特征的价值观和生活方式）中相当流行。 在那个佩花嬉皮士（上世纪 60 年代在美国出现的一批佩戴鲜花，宣扬"爱情与和平"的反战嬉皮士）流行的年代，7 号性格者的理想得到了最纯洁的阐释。 那些佩戴鲜花的年轻嬉皮士，他们脱离世俗、自由奔放、回归简单的生活，把社会最大限度地理想化。

随着这场运动的发展，7 号性格者世界观中的阴暗面也开始浮现。 他们坚持理想中的现实，但是又无法让这种理想状态在现实中实现。 他们的态度变得极度主观，个人身上的任何特点都被高度强调，最后把自己变成了过于自恋的那西塞斯。

自我欺骗的效应越来越严重，"哼，我就高兴我是我！"这种内心的毒药取代了改变外在的要求，心理上的自言自语和漂亮的逃避取代了真正的努力和付出。

7 号性格者相信生命是没有止境的，总是有令他们感兴趣的事情等着他们。 认为如果生命不去冒险，又有什么意义呢？ 为什么在可以前进的时候坐在那里不动呢？

7 号喜欢同时拥有多种选择，并且为自己安排后备计划。 他们往往准备了过多的计划，结果无法让自己完全投入到某件事情中，他们心里考虑的是"哪个计划是目前最合适的"。 如果 A 计划被取消了，就去执行 B 计划。 如果 B 计划无法进展，我们还有 C 计划。 如果 A 计划失败了，而 C 计划又太无聊，我们至少可以选择 B，而 B 计划可能会引出 D 计划。

从防御策略上看，根据一系列连续的选择来计划未来，能够增强生活中的愉悦感，消除枯燥和痛苦。 比如，一个在鞋店里工作的

7号性格者，可能会把街对面那家和自己老板争夺市场的竞争对手当作另一个后备选择。 他们可能会想象自己在对面那家店里做同样的工作。 这样的计划对于7号来说很自然，他所关注的是两份工作的相似性，却不会意识到这两家鞋店是多么敌对的竞争对手。

从积极的方面来看，这种注意力集中的方式能够带来具有创造性的解决问题的方式，能够在看似冲突的观点中找到正确的联系。7号性格者几乎拥有了世界上最乐观的世界观。 正因为如此，他们对未来雄心勃勃，幻想最好的机会和最满意的生活。

他们是童话中的小飞侠，那个像孩子一样天真的成年人；他们是恋青春狂，渴望永远年轻。 他们对任何事都是一知半解，不断更换恋人，感情肤浅，爱好冒险，喜欢美食与美酒。 他们从来不愿意做出承诺，总是希望拥有多种选择，总是希望处在情绪的高潮中。他们是乐天派，喜欢前呼后拥的感觉，做事常常半途而废。

进化后的7号性格者可以成为优秀的综合管理者、理论家、也可以成为一个多才多艺的人。

如何与 7 号人格相处

1. 帮助随性的 7 号培养专注力

在一个群体中，健康状态下的 7 号享乐主义者可能是最能干的那个。 如果享乐主义者在智力方面具有先天优势，那么他可能会是个天才。 即使没有先天禀赋，他们也会比同龄的人多一些才艺，很容易成为团队中令人瞩目的那一个。 这是因为，他们对每一项技能，都有一种务实的态度，不会担心可能遇到的阻碍，对于他们来说，有兴趣就要去做，他们的精力更多的是专注在未来上。

让兴趣引导行动的享乐主义者往往是随性的，他们不喜欢接受规范的教条限制，喜欢我行我素，在行动时总是显得有点散漫。 他们很害怕沉闷束缚，因此在做事的时候很少会列出一份周详的计划，更多的时候是随性而起，想做就做。

在与人谈话时，他们也多表现得随性而自我，当他兴奋的时候，常常会抓住一个人就说，也不管对方感不感兴趣。 他们喜欢漫无目的地闲谈。 他们的话题不拘一格，可以是体育、餐饮，也可以是从前的电影。 因此，随性的享乐主义者常常给人一种"三分钟热度"的印象。 这种散漫的个性，其实是很不利于他们在某些方面有长足发展的，有的时候，他们还可能被自己的这种散漫个性所连累，给人留下不好或很难放心的印象，白白耽误了很多大好机会。

细究享乐主义者这种随性心理产生的原因，人们会发现：他们内心的恐惧是产生这种随性心理的根源。 当享乐主义者对某件事情过于投入时，他们的心里会由于注意力的局限而发出反对声音，从而令他们感到恐慌，因此他们会以同时关注或选择多种事物来逃避这种恐慌的心理。

人们在与享乐主义者相处时，首先要做的就是扫除他们心中的恐慌，专注力就是扫除恐慌的利器。要想帮助享乐主义者培养专注力，比较有效的方法是将他们探索的大目标分解成一个个循序渐进的小目标，每当他们完成一个小目标，就和他们一起庆祝，分享他们达成目标后的喜悦感，引导他们试着自己制订每个小目标。当他们将"分解目标"的做事方式变成一种习惯后，他们自然就能够做到坚持了，也就能更多地享受到成功的快乐。

2. 为乐观的 7 号营造轻松快乐的氛围

7 号享乐主义者具有天真、坦诚的个性，他们常常把焦点放在快乐、轻松上，他们觉得这样的人生才有意思。

约翰是一家公司的销售主管，他的心情总是很好。当有人问他近况如何时，他的回答就是："我快乐无比。"

如果哪位同事心情不好，他就会告诉对方怎么去看事物好的一面。他说："每天早上，我一醒来就对自己说，约翰，你今天有两种选择，你可以选择心情愉快，也可以选择心情不好，我选择心情愉快。每当有坏事情发生，我可以选择成为一个受害者，也可以选择从中学些东西，我选择后者。人生就是选择，你要学会选择如何去面对各种处境。归根结底，是你自己选择如何面对人生。"

有一天，他被三个持枪的歹徒拦住了。歹徒朝他开了枪。

幸运的是，约翰被及时送进了急诊室，经过 18 个小时的抢救和几个星期的精心治疗，约翰出院了，只是仍有小部分弹片留在他的体内。

半年后，他的一位朋友见到了他。朋友问他近况如何，他说："我快乐无比。想不想看看我的伤疤？"朋友看了伤疤后，问他当时想了些什么。约翰答道："当我躺在地上时，我对自己说有两个选择：一是死，一是活。我选择了活。医护人员都很好，他们告诉我，我会好的。但在他们把我推进急诊室后，我从他们的眼神中读到了'他是个死人'。我知道我需要采取一些行动。"

"你采取了什么行动？"朋友问。

约翰说："有个护士问我是否对什么东西过敏。我马上答'是的'。这时，所有的医生、护士都停下来等我说下去。我深吸了一口气，然后大声吼道'是子弹！'在一片大笑声中，我又说道'请把我当活人来医，而不是死人。'"

约翰就这样活了下来。

约翰就是一个典型的 7 号享乐主义者，他乐观地面对生活，即便是身陷困境——处于死亡的边缘，他也能够保持轻松愉快的心情享受这独特的经历，并带动起他人的积极情绪，共同营造一个轻松快乐的氛围。

因此，和 7 号享乐主义者在一起，就应该考虑他们的这一特点，和他们交往的时候，不要太严肃和拘谨，要放开一点，这样的话，他们也会和你产生更多的共鸣，而你们的交际也才可以更加顺利地进行。

3. 对爱冒险的 7 号，谈点新奇刺激的话题

7 号享乐主义者头脑灵活、思维敏捷，这些敏捷的思维都指向了

对"新、奇、特"的感受和追求上，也因此导致他们平日里经常一心多用，同时进行很多事情。虽然有时候会手忙脚乱，但他们似乎很享受这样的状态，认为这很刺激。因此，他们会在日常生活中安排各种好玩、新奇和刺激的事情，什么新鲜、潮流的东西他都想要尝试一下，虽然他们很少坚持下来。

他们也很乐于和别人分享这些事情，如果我们能主动和他们谈论这些事情，常常能引起他们的极大兴趣。和他们在一起时，人们可以谈论各种各样的事物，如足球、篮球、魔方、电影，等等。只要是新奇刺激的话题，就能引起他们极大的兴趣。

有位汽车推销员为了推销进口高级越野车而专程拜访一位企业家，当他表明来意时，对方明确表示自己没有购买此车的打算，汽车推销员并未气馁，因为他注意到企业家的办公桌上有张他参加攀岩比赛时获奖的照片。正好这位汽车推销员也爱好攀岩，于是他转变话题，开始和企业家谈论起即将在某地举办的室外攀岩比赛。两人就攀岩的技巧话题谈得津津有味，不知不觉就到了下班时间。两人还不尽兴，又相约着一起吃晚饭继续谈论攀岩的话题。最终，为了去外地参加攀岩比赛，这位企业家决定购买一辆这位推销员介绍的进口高级越野车，还邀请了这位推销员和他同行。

故事中的这位企业家是个典型的 7 号享乐主义者：爱冒险。因为惊险刺激是攀岩运动最根本的特点，它能充分满足人们回归自然、寻求刺激、挑战自我的欲望。因此，当故事中的汽车推销员谈及攀岩这个新奇刺激的运动时，企业家的兴趣被快速激发，开始和推销员就攀岩进行了深入的交流，并将其纳入了可信任的范围内。

由此可见，要想和爱冒险的7号享乐主义者建立和谐的关系，需要人们经常关注生活中一切新鲜有趣的事物，如最新的游戏、最酷的运动等，更要懂得在和他们相处的过程中相互交流看法，共同探讨心得，这样才能赢得他们的信任和支持。

4. 帮助责任心缺失的7号培养纪律性

一般说来，7号享乐主义者的责任心是所有人格类型中最差的。因为他们常常无法执着于一件事情，也就与"为某件事情负责"的说法搭不上关系。在他们的字典里，"责任"等同于"限制""枷锁"，总会让他们痛苦万分。因此，他们总是以任性、放纵的态度对抗、应付一切加在他们身上的责任，认为这样别人就永远无法控制他们了。

但是"没有规矩，不成方圆"，生活在社会这个大集体里，没有责任心和纪律性注定会走很多弯路、吃很多苦。

因此，我们在与7号享乐主义者相处时，要注意帮助他们节制疯狂寻找新鲜刺激的行为，引导他们将精力集中在值得参与的事物上，慢慢地让他们自己控制这个过程。最终让享乐主义者学会自我节制，慢慢调节性格中冲动的一面，令他们变得更专心、更有忍耐力、视野更开阔，做事也就能够更加心无旁骛。

但要注意的是，培养7号享乐主义者的纪律性并不是限制他们的自由。正如意大利教育家玛丽亚·蒙台梭利所说："纪律是一种积极的状态，是建立在自由的基础之上的。"积极的纪律是一种高尚的教育原则，它和由强制产生的"不动"是完全不同的。

要想让缺乏责任心的7号享乐主义者培养纪律性，我们需要让他们在团队活动中充分理解纪律和责任的重要性，在理解的基础上接受和遵守集体的规则，负起应有的责任。

如何管理 7 号人格员工

如何管理 7 号员工？我们从《西游记》说起。 在《西游记》中，所有的笑料都是得自猪八戒。 试想一下，要是没有猪八戒，漫漫取经路将会多么单调呀。 这就是 7 号，有他在的地方就有笑声。

7 号还有一个大优点就是不记仇。 猪八戒前一刻还跟孙悟空吵得天翻地覆，后一刻就"猴哥猴哥"地叫得无比亲热。 一些不了解 7 号的人经常会被 7 号伤着，因为 7 号说人的时候根本不会考虑对方的感受，他觉得好玩就说出口了。

7 号因为自己的这张嘴讨人厌，也因为这张嘴而讨人爱。 猪八戒最厉害的地方是哄得师傅唐僧高兴。 我们都知道，唐僧是取经团队的领导者，如果不听领导的话，是要受紧箍之苦的。 3 号孙悟空总是"勇"字当头，看到妖精变化成的美女、老妪、儿童等，总是一棒子打死了事，惹得唐僧每每火起，紧箍咒伺候。 猪八戒就不会这么干，他总是自觉地跟领导站在同一战线上，领导说那是好人，他便跟着说是好人。 即使妖精原形毕露，他也不忘给唐僧一个台阶下，说那是猴子使的"障眼法"。 所以唐僧虽然也会在嘴上骂猪八戒是"呆子""夯货"，但每次猪八戒与孙悟空起冲突时，他总是护着猪八戒的。

7 号喜欢的是自由的、充满创意的工作环境。 什么事 7 号都喜欢趁着有兴趣时一鼓作气干完，需要持久耐力的工作可不是 7 号擅长做的。 一碰到需要很长时间完成的工作，7 号就"晕菜"了。所以取经路上，最不坚定的那个人就是猪八戒了。

当然，想让 7 号行动起来，也不是什么难事。 你只要提出一个能引起他兴趣的点子，他肯定就会去做。 但是，你也不要忘记 7 号的善变性。 7 号可没有好耐心把事情从头到尾地做完，虎头蛇尾是他的常态。

而且，7 号还喜欢推卸责任。 你要避免他推卸责任的这类情况发生，事先得到他的承诺就尤为重要。

7 号说："这件事我能够在下月中旬完成。"这时，可千万不要心满意足地离开，最好是立刻拿出纸和笔来："我们把这个日期写下来吧。"为了避免他到时逃避责任，还要向他强调："如果这件事失败了，我们的后果就是……"写明他要承担的责任。 如果能够让他自己跳出来答应一件事，那就是他真正的承诺了。

7 号都是有梦想的。 这也是最终猪八戒能够完成西天取经大任的原因所在。 因此，要管理 7 号，就要肯定他的梦想。 如果你对他的点子表现得一点也不欣赏，处处压制他，那无异于剪掉了他的双翅。 要让 7 号知道他的梦想应该如何实现。

另外，7 号不喜欢自己动手做单调无趣的工作，如果可能的话，允许他们找帮手，而且应该更多地关注结果，而不是过程。

如何与 7 号上司相处

　　1901 年 12 月 5 日，华特·迪士尼出生于美国芝加哥。他生活在农场，并由此熟悉了鸡、鸭、猪等小动物。华特最喜欢一只名为"波克"的小猪。他回忆说："它特爱恶作剧，在它想闹的时候，它可以跟一只小狗一样调皮，跟芭蕾舞演员一样灵活。它喜欢悄悄从我背后顶我一下，然后高兴地哼哼着大摇大摆地走开了，如果我被顶倒了，它就更得意了。"

　　华特最出名的就是他无人能及的想象力。他创造了米老鼠和唐老鸭，这使他比中国的孔子、英国的莎士比亚、法国的伏尔泰还要出名。

　　他制作了世界第一部有声动画片《蒸汽船威利》（也译作《威利汽船》《威廉号汽艇》，1928 年）和第一部动画长片《白雪公主和七个小矮人》（1938），这些为他赢得了无数的荣誉。《白雪公主》是世界上第一部有剧情的长篇动画电影，同时也是世界上第一次发行电影原声音乐的唱片，世界上第一部使用多层次摄影机拍摄的动画，还是世界第一部举行隆重首映式的动画电影，并获得奥斯卡特别成就奖。从此动画电影不仅仅是儿童娱乐的一种形式，也开始成为主流的电影形态，而迪士尼公司也由此成为了动画电影的龙头大哥。

　　此外，华特还创建了世界上第一座迪士尼主题乐园——美国加利福尼亚州阿纳海姆（Anahelm）的迪士尼乐园，并开始规划位于美国佛罗里达州奥兰多的迪士尼世界（后来被其侄子罗伊·迪士尼改为华特迪士尼世界）主题公园。

华特·迪士尼一生获得了 48 个奥斯卡奖提名和 7 个艾美奖，是世界上获得奥斯卡奖最多的人。华特是典型的 7 号型性格。

在 7 号手下工作，别轻易否定他的想法，否则会惹他暴怒的。如果直接否定 7 号，7 号会接受不了的。

尼尔·加布勒写了一本名为《华特·迪士尼：美国梦想的成就》的传记。

在书中，尼尔讲道，在一次开会讨论一部电影的背景曲时，华特的三哥罗伊·迪士尼建议使用更加通俗的音乐。华特随即把他踢出房间，说："滚回去，多看看书。"

由于喜欢想象，对于 7 号来说，新的体验和想法总是呈现着迷人的光芒，他们喜欢把对未来的美好憧憬映射到现实中，并希望得到其他人的认同。所以在面对 7 号领导时，一定要注意这一点，你应该加入到他们轻松愉快的谈话中，参与他们的喜悦，倾听并欣赏他们的美好远景，不要试图去证明他们的想法不可行，切记，他们正在分享他们的美好蓝图。

如果你觉得他们的想法实在不可行，不要直接反对，可以给他们一些时间重新思考，他们自然会判断是否接纳你的想法。

跟着 7 号，需要提防的是被 7 号推诿责任。9 个型号中，7 号是最喜欢推卸责任的类型。

而 7 号好的一点是等级观念不强。就好像韦小宝，三教九流，人人都是他的朋友，不管是走卒兵士，还是王公大臣，他都平等对待，这也让他屡次化险为夷。7 号上司，你跟他称兄道弟，同桌喝酒，醉了开一些没大没小的玩笑，他都不会介意。

7 号娱乐型客户破解之道：破耙式

耙子是猪八戒的随身武器，代表了这类型特质人的风格：疏漏、顽皮。猪八戒身上具有典型的娱乐型特质，追求享乐、逃避压力、贪吃贪睡、享受主义。吴承恩在塑造这个人物的时候，可能自己都没有想到，竟然使他成了一个娱乐型的经典人物，猪八戒具有很强的亲和力，据调查显示他是《西游记》四个主角中最受欢迎的一个。

1. 破耙式之快乐接触法
采用快乐开心的接触方式，或者把你的产品与能带给他们的快乐联系在一起，自然能成交。

2. 破耙式之新奇冒险法
制订一系列新奇刺激的冒险计划来接近他们，然后销售。

3. 破耙式之充分肯定法
充分肯定他们的行为和举止，与他们打成一片，销售自然成功。

4. 破耙式之吃喝玩乐法
他们喜欢美食、喜欢好玩的，对症下药，自然就能产生销售。

8 号的主要性格特征

8 号性格者的主要特征包括：

(1)控制个人的占有物和空间，控制那些可能影响自己生活的人。

(2)具有进攻性，公开表达自己的愤怒。

(3)关注正义，喜欢保护他人。

(4)把打架和性爱当作与他人接触的方式。 相信那些在正面冲突中不退缩的人。

(5)把行为过度看作克服厌倦的良药。 夜生活、疯狂娱乐、彻夜狂欢、暴饮暴食……

(6)难以意识到自我的依赖性。 当别人爱上他们时，他们会通过各种方式拒绝真实情感，比如离开、认为无聊或者暗自谴责自己对他人的误导。

(7)常常把所有事物极端化，"要么全有要么全无"。 他人要么是强大的，要么是弱小的，要么是公平的，要么是不公平的，没有中间类型存在。 这种注意力的关注方式导致无法认识到自身的弱点。

8 号性格者把自己当作保护者。 他们为朋友和那些无辜的人提供庇护伞，让他们躲在自己身体后面，自己则挺身而出去和那些不公正的恶势力进行斗争。

8 号不会在冲突中退缩。 相反，他们认为自己是正义的执行者，他们为自己能够保护弱小者而感到骄傲。 他们表达爱意的方式也往往是强有力的保护而不是温柔的情感流露。 在 8 号看来，对爱的承诺就意味着让伴侣安全地依偎在自己的保护伞下。

8 号关注的核心问题是控制。 谁掌握权力，他是否公平？ 他们喜欢领导者的位置，希望能够用自己的能力来控制局势，希望控制其他强劲的竞争者。

如果 8 号处于下属的位置，他们会尽量忽视要被人领导的事实。 如果缺乏清楚的惩罚措施，他们会有意挑战规则。 如果他们处于领导者的位置，8 号会希望拥有一个安全的个人王国。 他们的策略往往是迅速控制全局，而不是通过协商或谈判的方式来寻找合作者。

保护者会通过类似打架这种正面冲突，来考验对方的动机。 他们与朋友打架实际上是为了争取更亲密的接触，因为 8 号认为，真相往往来自正面的对抗。 但是一般人恐怕不会理解，亲密和愤怒可以紧密相连的事实往往让人感到不可思议。

8 号强硬的外表实际上是为了保护自己，保护那颗从小就处于危险环境中，渴望找到依靠的心。 许多 8 号自从失去了童年的天真后，就把自己的温柔埋葬在了心底。 在他们长大后，再也没有流露出温情。

他们一生都习惯关注外界，习惯去寻找那些该受到惩罚的人，这种习惯导致的不幸结果是，当他们最终把注意力投向内心，发现我们每个人都要对自己的错误承担一部分责任时，他们很可能无法接受这样的现实，甚至产生自杀的念头。

8 号不论怎样责备他人，都不会对自己进行惩罚。 谴责和惩罚错误是他们的天性。 只要找到一个值得谴责的明确对象，8 号就通过合法渠道获得了控制权，把自己塑造成了正义的执行者、无辜者的保护神。 外在的威胁会点燃 8 号心中的怒火，让 8 号产生一种强有力的感觉。 他们可能也会害怕，比如害怕自己在对手面前变得脆弱，或者害怕信任的人背叛自己，但是这种害怕只是潜藏在内心，而内心的怒火总是能取代这种潜在的畏惧。

弱肉强食，优胜劣汰，这就是8号的世界观。因此，8号总是在用怀疑的眼光审视世界。对他们来说，安全意味着知道你要反对谁，同时知道谁会在你背后支持你。当他们面对压力时，他们的注意力会集中在双方力量的比较上，会去研究对方的弱点。对方是无辜的，还是有罪的；是朋友，还是敌人；是强者，还是懦夫？保护者很少会质疑他们自己的观点，研究自己的心理动机只会摧毁他们原本坚定的个人立场。

8号希望能够预测和控制自己的生活，但是一旦失去了保护者的身份，他们就会感到厌烦和枯燥。一旦行为规则被抛弃，8号往往会去破坏他们曾经坚持的原则。如果8号感到厌倦，或者有过剩的能量需要发泄，他们将制造麻烦。最常见的表现就是与他人打架，干扰朋友的生活，或者小题大做——"谁偷了我的土豆去皮器？欠揍的家伙！"

行为过度是另一种发泄多余能量的方法，也是8号性格者打发无聊的常用办法。只要是让他们感觉良好的事情，他们就会没有节制地做下去。彻夜狂欢，疯狂工作，直到疲劳过度。喜欢一种食物就一口气吃下三盘。一旦注意力锁定快乐，就很难再被转移到其他地方。他们喜欢好事接踵而至的感觉。如果参加狂欢，他们一定是那些曲终人散后，依然不愿离去的客人。

对于8号性格者而言，他们缺乏的是童年的天真，这种天真无邪的状态在他们为了生存而与外界斗争的过程中遗失了。

积极好斗、主动负责、喜欢挑战是8号的突出特征。他们无法控制自己，用公开发泄怒火以展示自己的力量，对于愿意站出来接受自己挑战的对手充满敬意。

如何与 8 号人格相处

1. 无惧 8 号的强势，直接说出你的要求

8 号领导者总是显得自信而有魄力，他们的语言很强势，提出的问题也很尖锐，他们对于等待一个答案很不耐烦。

他们的言语常常斩钉截铁，富有霸气，他们在与人沟通时也不喜欢拐弯抹角，对于什么事情都喜欢拿到桌面上谈，有什么说什么，直截了当。他们经常说"喂，你去帮我把垃圾倒掉""我给你说，你明天把那本书给我带过来""走，一起逛街去""你怎么还没有帮我做好啊""你什么时候能定下来"类似这样的话，显得强势而又干脆。

一些人难以适应 8 号领导者的直接和强势，如果你试着学习他们的沟通风格，简单而直接地说出自己的用意和要求，不回避问题或者避重就轻，这样的交流其实也会非常真实和有效。下面是一位律师讲述的他的经历：

> 李老板是朋友介绍给我的一个客户，他是一个集团企业的董事长，对工作伙伴十分严厉，具有极强的领导才干。
>
> 他有一些关于公司重组的法律难题需要解决，出于朋友的面子，我跟李老板说，在收费方面，我会尽量优惠，并且给了他一个合适的价格。李老板很快告诉我，他们没有这么高的预算，希望我在收费上再少一些，否则就找其他律师合作了。

我告诉他可以打听一下行情，以及我一贯的收费标准，就这类案子，跟我以前的收费标准相比，已经相当优惠的了。另外，我告诉他几年前我代理过的一个公司重组的案子。当事人说他认识十名律师，他们代理这个案子收费不过十万元，而我跟他开价却是三十万元，而且一点都不打折。问题是，我帮助他们拟订了良好的方案和规避风险的策略，他们公司重组的计划提前半年就完成了。

　　我告诉李老板，人跟人不能相提并论，报酬也会有落差。我帮人审查一份小合同，中间只帮人改了两个字，花了我不到二十分钟，我就收了人家八千元。

　　李老板听了我的话，认为我够坦诚，也就放心地让我代理这个案子，对我的报价也不再纠缠了。

　　面对强势的8号领导者李老板，"我"没有退缩，而是直接说出了自己的观点以及理由，最终赢得了这位强势的领导者的信任，接下了这笔生意。

　　由此可见，要和8号领导者和谐相处，你需要明白他们强势的目的是为了掌控一切，而掌控一切的前提是了解真相，因此，你只需要直接说出你的要求并告诉他理由，就能够赢得他们的信任和支持。

　　2. 对愤怒的8号，冷处理为佳

　　8号领导者特别容易发怒，而且他们发怒的时候常常会失去理智，忘记自己在做什么。他们会摔东西，会口出脏话，会说出一些很过分或有威胁性的话。

面对愤怒的 8 号领导者，我们如果要和他很好地相处，就应该尽量保持冷静，不要在气头上和他争辩，而要等他们冷静下来，这样的沟通可能会更加顺利。

有一个农夫因为一件小事和邻居争吵起来，争论得面红耳赤，谁也不肯退让。最后，农夫只好气呼呼地去找智者，因为他是当地最有智慧、最公道的人，他肯定能断定谁是谁非。

"智者，您来帮我们评评理吧！我那邻居简直不可理喻！他竟然……"农夫怒气冲冲，一见到智者就开始了他的抱怨和指责。但当他要大肆讲述邻居的不是时，被智者打断了。智者说："对不起，正巧我现在有事，麻烦你先回去，明天再说吧。"

第二天一大早，农夫又愤愤不平地来了，不过，显然没有昨天那么生气了。"今天您一定要帮我评个是非对错，那个人简直是……"他又开始数落起邻居来。智者不快不慢地说："你的怒气还没有消退，等你心平气和后再说吧！正好我昨天的事情还没有办完。"

接下来的几天，农夫没有再来找智者。有一天智者散步时遇到了农夫，他正在地里忙碌着，心情显然平静了许多。智者问道："现在你还需要我来评理吗?"说完，微笑地看着农夫。农夫羞愧地笑了笑，说："我已经心平气和了！现在想来那也不是什么大事，不值得生那么大的气，只是给您添麻烦了。"

智者仍然心平气和地说："这就对了，我不急于和你说这件事情就是想给你思考的时间让你消消气啊！记住，任何时候都不要在气头上说话或行动。"

故事中的农夫就具有典型的 8 号领导者特征——易愤怒，但愤怒来得快去得也快。智者正是看出了这一点，才让农夫自己冷静，果然怒火很快就自行消失了。

8 号领导者愤怒情绪发生的主要特点是短暂，如果在他们的气头上争论，只会让双方陷入更加火热的争斗之中，而等他们"气头"过后，矛盾就较易解决。就像故事中的智者所说的，不要在气头上说话或者行动。面对愤怒 8 号，我们一定要给他们一些时间，让他们发泄心中的怒火，等他们恢复理智的时候，你也就可以更好地和他们沟通交流了。

3. 对自尊心强的 8 号给予足够的尊重

8 号领导者非常注重个人的尊严，他们尽管非常强势，但是他们并不一定要求你喜欢他，所以，当你表示你并不喜欢他们时，他们可能不会生气，但是如果你对他们表示出轻视，或者没有给予应有的尊重，他们的怒火会马上升起，马上和你进入争斗或冲突的状态。

由此可见，尊重是人们和 8 号领导者友好相处所需要的一种状态，他们感觉受到尊重的时候，就会对你表示出自己的善意。许多时候，给予他人尊重也是对他人最好的鼓励和支持。

一位商人路过一个地下通道时，看到了一个衣衫褴褛的铅笔推销员，顿生一股怜悯之情。他不假思索地将 10 元钱塞到铅笔推销员的手中，然后头也不回地走开了。走了没几步，商人忽然觉得这样做不妥，于是连忙返回来，抱歉地解释说自己忘了取笔，希望他不要介意。最后，商人郑重其事地说："您和我一样，都是商人。"

一年之后，在一个商贾云集、热烈隆重的社交场合，一位西装革履、风度翩翩的推销商迎上这位商人，不无感激地自我介绍道："您可能早已忘记我了，而我也不知道您的名字，但我永远不会忘记您。您就是那位重新给了我自尊和自信的人。我一直觉得自己是个推销铅笔的乞丐，直到您亲口对我说，我和您一样都是商人为止。"

没想到商人简简单单的一句话，竟使一个自卑的人顿然树立起了自信。正是有了这种自信，使他看到了自己的价值和优势，终于通过努力获得了成功。不难想象，倘若当初没有那么一句尊重鼓励的话，纵然给他几千元也无济于事，断不会出现从自认乞丐到自信自强的转变。

对于自尊心强的 8 号领导者来说，他们总是看重他人给予自己的尊重。他们在生活中很有主见，为人处世有一套自己的标准，不喜欢被别人指手画脚，同时他们亦会要求身边的人能够尊重他们的主见和行为标准——是否遵守并不重要，但绝对要尊重。他们会把这份尊重看作自己掌控环境的成就感，亦会觉得对方"给面子"，于是他们便将对方视为"自己人"。

因此，人们在与 8 号领导者相处时要给予他们足够的尊重，只有这样你才能得到他们的尊重。其实 8 号领导者也有一颗知恩图报的心，只要我们用心付出了，就一定会有收获的。

4. 别在公正的 8 号面前玩心计

8 号领导者追求公正, 渴望建立一个完全公平公正的生存环境, 因此他们十分关注"真相", 认为只有充满真相的世界才是公平公正的。 他们总是十分关注他人隐藏的企图, 想知道对方说的话是不是真的。

由此可见, 8 号领导者是九型人格中最讲究"真"字的人, 只要有一个人跟着他们, 能够服从、听从他们的意见, 并且能够对他们讲真话, 他们就会非常友好地对待这个人。 假如有一天他们发现这个人没有讲真话, 就会很生气, 无法容忍这个人。 8 号领导者为什么会把"真"看得这么重要呢? 因为他们是要掌控大局的人, 如果你不讲真话, 他们就无法了解事情的真相, 如果不知道事实, 他们就无从控制。

在 8 号领导者看来, "敌人"并不可怕, "敌人"可以让他们充满斗志, 他们更害怕欺骗和背叛。 如果一个人在 8 号领导者面前玩弄权谋、操纵他们、说谎, 就会引发他们的怒火和报复。

> 曾巩是宋朝的一位大诗人。有一次神宗皇帝召见曾巩, 问他: "你与王安石是布衣之交, 王安石这个人到底怎么样呢?"
>
> 曾况没有因为自己与王安石多年的交情而抬高他, 而是很客观直率地回答说: "王安石的文章和行为确实不在汉代著名文学家扬雄之下; 不过, 他为人过吝, 终比不上扬雄。"
>
> 宋神宗听了这番话, 感到很惊异, 又问道: "你和王安石是好朋友, 为什么这样说他呢? 据我所知, 王安石轻视富贵, 你怎么说是'吝'呢?"

曾巩回答说：“虽然我们是朋友，但朋友并不等于没有毛病。王安石勇于作为，而‘吝’于改过。我所说的‘吝’乃是指他不善于接受别人的批评意见，改正自己的错误，并不是说他贪惜财富啊！”

宋神宗听后称赞道：“此乃公允之论。”

在古代，皇帝是“公正”“权威”的象征，在皇帝面前说假话、玩心计，会被视作“欺君之罪”，遭到严厉的惩罚。曾巩在代表“公正”的宋神宗面前讲真话，不仅没有损害好友王安石的前途，也为自己赢得了权威者的信任。

生活中，许多追求公正的 8 号领导者都渴望像古代的皇帝一样做个控制一切的权威者，他们尤其看重身边人的真诚，对于那些有问题不及时汇报，而在背后做小动作的人绝对会给予严厉的报复。

5. 对暴躁的 8 号，冲突也是一种沟通

渴望控制一切的 8 号领导者不放过每一次斗争的机会，他们到处都有对手。这是因为对 8 号领导者来说，斗争或冲突也是一种积极的接触方式。所谓“不打不相识”，一场痛快的斗争能够让他们对他人的真实意图更加了解。

中国古典小说《水浒传》中的李逵和张顺就是“不打不相识”的典型。

宋江因触犯法律被发配到江州，遇到了早就想结识他的戴宗。于是两个人一起进城，在一家酒店里喝酒。才喝了两三杯，他们就碰到了李逵，于是三人又到江边的琵琶亭酒馆

去喝酒。

吃饭的时候，宋江嫌送来的鱼汤不好喝，于是叫酒保去做几碗新鲜鱼烧的汤来醒酒。正好酒馆里没有新鲜鱼，于是李逵跳起来说："我去渔船讨两尾来与哥哥吃！"戴宗怕他惹事，想叫酒保去取，但李逵执意要自己去。

李逵走到江边，对着渔人喝道："把你们船上的活鱼拿两条给我。"一个渔人说："渔主人不来，我们不敢开舱。"李逵见渔人不拿鱼，便跳上船，顺手把竹篙一拔。没想到竹篙是没有底的，只用它来拦鱼，他这一拔，就让鱼全跑了。李逵一连放跑了好几条船上的鱼，这便惹怒了几十个打渔人。

大家七手八脚地拿竹篙来打李逵。正在这时，绰号"浪里百条"的张顺来了。张顺见李逵无理取闹，便与他交起手来。两人从船上打到江岸，又从江岸打到江里。张顺水性极好，李逵不是他的对手。他便将李逵按在水里，李逵被呛得晕头转向，连声叫苦。

这时戴宗跑过来，对张顺喊道："足下先救了我这位兄弟，快上来见见宋江！"原来，张顺认得戴宗，平时又景仰宋江的大名，只是不曾拜识。

听戴宗一喊，张顺急忙把李逵托上水面，游到江边，向宋江施礼。戴宗向张顺介绍说："这位是俺兄弟，名叫李逵。"

张顺道："原来是李大哥，只是不曾相识！"李逵生气地说："你呛得我好苦呀！"张顺笑道："你也打得我好苦呀！"说完，两个人哈哈大笑。戴宗说："你们两个今天可做好兄弟了。常言说：不打不相识。"几个人听了，都笑了起来。

故事中的李逵就表现出了典型的 8 号领导者特征——性情暴躁，不惧冲突。因为他们发现别人不会主动服从自己，而他们又希冀支配他人，于是开始主动采取重压和斗争的办法，试图让对手屈服。

总之，8 号领导者是硬派人物，他们不喜欢懦弱的人。他们认为任何事都可以"摆上台面"讲清楚，如果明明有事却碍于人际关系而互相隐瞒、互相包庇，不公开解决，这有违他们追求公平公正以及真相的原则，反而容易激发他们的怒火。因此，人们在与领导者相处时，要无惧他们的暴躁，和他据理力争。

如何管理 8 号人格员工

　　有些领导，为了给员工鼓劲，经常夸赞员工的正确做法或是取得的成绩，这种方法对于成就型的员工非常管用，因为他们从小就希望在学习和能力方面得到家长或是老师的夸奖，参加工作后希望得到老板或领导的夸奖，这像给他们打了强心剂一样，使他们更加卖力地工作，但是对于领袖型的员工，这一招一定要慎用。

　　如果领袖型员工正在卖力地做着一件事，比如说擦桌子。身为领导的你看在眼里，当着其他同事的面夸奖道："××表现不错呀，这桌子擦得真干净！"领袖型员工听后，可能面无表情地看你一眼，然后放下抹布——不玩了！而且以后你也可能不会再看到他做这件事了。这是为什么呢？

　　领袖型人格认为这种夸奖是有辱他的智商，拿他当三岁小孩子呢！在他眼里，只有不懂事的孩子才吃这一套，一夸奖就高兴了，会继续做得更好。在他看来，领导夸奖员工是居心不良，是想用夸奖来控制别人，是利用这点让别人像傻子一样去卖命，而自己却不是这样的傻子。

　　领袖型的人天生与称赞绝缘，他们不喜欢别人称赞自己，而自己也不会称赞别人，如果他们有下属，下属做得好未必得到他的称赞，但是做得差肯定会挨骂。所以作为领导，要掌握领袖型员工的这一特点，尽管他们做得很好，但是不要称赞他们。

　　领袖型的人具有领导的能力，所以作为领导，若发现自己的员工中有属于领袖型的人，就要善于利用这一优点，给他一定的权力，让他当上一个小头目或小领导。如果培养好了，他会为你创造很多价值。 他在做事时具有决断能力，能让你省很多心。 如果忠诚型的员工，你提拔他为领导，他不会运用权力，也没有决策能力，会非常依赖你，等于你只是找了一个执行者。 但是领袖型的员工却有这方面的能力。 如果你交代给他一个任务目标，他与你达成共识之后，一定会竭尽所能，抱着豁出去的态度干到底，不达目的誓不罢休。 中间遇到困难，也不会找你来哭诉，或是恳求你援助或是降低目标，这不是他们的做法。 领袖型的人具有铁汉的性质，海明威那句名言"人可以被毁灭，但不可被打败"很能代表他们的精神。

所以，你可以放权给领袖型的员工，让他做一个小领导，然后把最难完成的任务交给他，一般情况下，他都不会让你失望的。 但是，在安排他做领导后，你还要注意以下几点：

第一，在安排了领袖型的员工做小领导后，你要注意给他们人事权力，若是你为他们配好了下属，他也基本上不会用，因为他要招自己的人马。 如果你安排好什么自己的亲信或是耳目在他的身边监视着他，早晚会让他给炒了。 若是你不同意，他则会撂挑子不干了。 疑人不用，用人不疑，给领袖型的人放权，让他们自己招兵买马，这才是真正的放权。

第二，身为领导，你在对待不同部门之间，一定要公平公正，否则，这个领袖型的员工会跟你不依不饶。 特别是他的手下人受到不公正待遇时，他会找你来闹事。

所以，对待领袖型的员工，少夸奖，多放权，而且要保证公平与公正，这样他们就充分发挥自己的能力为你效劳了。 但是，你要留一个心眼，他们不会长久地为你效劳的，总有一天，他们羽翼丰满时，会离开你单飞的，身为领导的你，要有这种心理准备才好。

与 8 号人格上司的相处艺术

讲到 8 号的管理者，历史上有一位非常有名的人物，项羽。 用项羽来诠释 8 号领导者的性格是最合适不过的了。

很多电视影视作品都把项羽描绘成一介莽夫，证明就是鸿门宴上放走了刘邦，以至于在楚汉之争中败北自刎。 其实，项羽是一个极有才能的军事指挥者，所以司马迁评价 8 号的项羽"才气过人"。 而鸿门宴之举，正是 8 号领导者的性格所致。

8 号喜欢正面竞争，但他不喜欢暗箱操作。 一个 10 岁的孩子要跟 15 岁的 8 号比赛跑步，8 号是一定不会应战的，因为彼此实力悬殊，"胜之不武"。 因此，我们也就能理解为何项羽会放走刘邦，他要的是战场上面对面的决战。 所以在 8 号手下工作，你最好用实力说话，不要拉关系搞帮派，8 号很讨厌这样的人。

在 8 号上司面前，一定要勇于承担责任，千万不要为自己的错误找借口。 8 号是成果导向的人，在他眼里，"没有任何借口"，结果最重要。 跟着 8 号上司，溜须拍马是没用的。 他喜欢正直的人，喜欢听真相。 如果你对他说真话，说明你很有勇气，他会敬重你。 像 8 号这样既喜欢听真相又很强势的人，容易让人难以接近。

楚汉之争失败后，项羽自刎于乌江，这也是 8 号必然的选择。如果是其他的型号，肯定不会选择自杀。 比如 6 号刘备，在遇到诸葛亮之前，逃亡简直就是家常便饭。

8 号的一生都很辛苦，他们的童年总是缺少安全，必须自己保护自己，项羽也是这样。 在秦灭六国时，他们家族作为楚国的贵族惨遭屠杀，祖父项董被车裂，他与弟弟项庄随叔父项梁流亡到吴县，也就是今天的江苏苏州。 年少的项羽必须要强大起来，才能自我保护，才能保护家人。 于是，权力成为了他人生的终极目标。 因为，有了权力他才能保护自己，保护家人。 8号对自己的定位就是一个保护者，可是，到了后来，他连自己心爱的女人都没办法保全，只能眼睁睁地看着她死在自己面前，这对8号是一个沉重的打击。

我们都知道那段凄恻的故事：公元前202年，项羽被汉军围困垓下，就是今天的安徽省灵璧县南，四面楚歌，只好对酒悲歌"力拔山兮气盖世，时不利兮骓不逝，骓不逝兮可奈何，虞兮虞兮奈若何？"随侍在侧的虞姬，怆然拔剑起舞，并以歌和之"汉兵已略地，四方楚歌声；大王意气尽，贱妾何聊生。"唱完就拔剑自杀了。

8号一生都习惯关注外界，去寻找外界该受到惩罚的人，然后扮演正义的使者。 一旦他们把注意力投注到自身，意识到自己才是整个错误的始作俑者时，他们很可能无法接受这样的现实，于是以自杀为解脱。

虞姬的死已经触动了项羽的内心，迫使他不得不去关注自我。 逃到乌江边时，强大的心理压力已经让他不负重荷。 所以，当乌江的亭长停船岸边，让他渡江以便东山再起时，他却不想走了。 他说："当年我与江东子弟八千人渡江向西，今无一人生还，纵然江东父老可怜我而尊我为王，难道我就不觉得愧疚么？"于是自刎而死！

所以，8号的领导者是非常"护犊"的。 "打狗还要看主人"，他的员工，他自己可以训可以骂，但别人不能动。

8号会保护自己的下属，为下属争取利益。 如果单位里别的部门做得少，待遇却比8号领导的部门高，那么8号就会跑到领导那里去理论，为自己的员工争取利益。

跟着8号上司，只要你有本事，你就会发展得比较好，因为8号的目标很远大。

8 号领袖型客户破解之道：破锤式

大锤是所有兵器中最有气势和力量的，还代表了圆润，一个大大的球体竟然能游刃有余地运用，象征领袖型客户能控制一切的能量。

他们的情绪波动有时候比较大，容易发怒。暴饮暴食，对他们来讲最瞧不起那些唯唯诺诺、两面三刀、阿谀奉承的人，所以甜言蜜语不大会对他们产生效果。做事情有时候容易冲动，大喜大悲。

1. 破锤式之直截了当法

销售产品时尽量说重点，他们才不会不耐烦，并愿意听你继续介绍。你认为你们起了争执、冲突，他却可能觉得这是很过瘾、很有效的沟通模式。所以你要记着，冲突对他们而言是进一步沟通的开始，而非结束。万一你觉得"争吵"太过厉害，不舒服时，不妨直接告诉他们你的感受。他们可以接受直接的批评，但不要取笑或讥讽他们，这会使他们产生敌意，做出攻击行为。玩弄权谋、操纵他们、说谎，都是他们讨厌的行为，记得跟他们沟通的最好方式是：直接、说重点，销售产品时一定要直截了当，提出这个产品能如何增强他对企业的掌控力、对员工的掌控力，对企业的成长有直接的帮助，甚至能增加他的尊严和权威。

领袖型的客户一旦接受你的销售，通常会成为你终生的客户。但是他们的防护墙也相当顽固和厚实，往往难以攻克。所以你需要真正了解他个性中的弱点，然后善加利用。在你去接触他之前，把产品能带给他的核心价值直截了当地告诉他，并且告诉他如果不用你的产品和服务将会带给他多么严重的后果，给企业造成多么大的损失。 卖点一定要清晰明确，把产品的优点和将带给他的好处一一罗列。

2. 破锤式之"不打不相识"法

向领袖型客户销售产品的时候，你一定不要表现出懦弱。 可能第一次他不接受，不过没关系，只要你赢得了他的尊重，销售就会是迟早的事。 甚至你可以表现出你强硬的一面，他们会识英雄、敬英雄，对你刮目相看的。

《亮剑》里的李云龙和楚云飞都是典型的领袖型性格，他们交往的方式就是不打不相识，他们通过这种方式开始尊敬对方，成为好朋友。 最后他们在战场上有异常惨烈的交锋，是硬碰硬，结果两个人都受了重伤，住进了医院。 他们认为对待对手尊敬对方的最好方式就是一决高下，而不要去保留。

《倚天屠龙记》里有个著名的人物叫赵敏，赵敏是蒙古的公主，她足智多谋，做事果决，决不拖泥带水，是个很厉害的人物，也是个典型的领袖型人物，明教众多顶尖的高手竟然被她暗算，有性命之忧，张无忌无计可施百般无奈下去找赵敏讨要解药，却不断地被她暗算，掉入赵敏设计的陷阱中，万幸的是危机中张无忌将赵敏一同拖下。 怎奈赵敏就是不拿出解药，于是张无忌用了各种方法来折磨赵敏，最后不仅获得了解药，并且获得了赵敏的芳心，直到最后赵敏对张无忌仍是死心塌地地跟随。

3. 破锤式之以柔克刚法

还有很重要的一点，《道德经》言：天下至柔克至刚。 万事万物相生相克，领袖型客户也不会例外。 因为领袖型客户通常都是至刚之人，所以柔能克刚；这里的柔绝对不是软弱，不是懦弱和唯唯诺诺，不是没有主见，而是一种似水之柔。 这种柔似风之绵，无处不在，无所不至，善容万物。 因此假若你有至柔的一面也能很快攻克这个类型的客户，得胜而归。 项羽是个典型的领袖型人物，但是却被柔情似水的虞姬所俘虏。 所谓英雄难过美人关，英雄通常都是领袖型人物，而美人都是柔情似水的女性。 明末吴三桂冲冠一怒为红颜，结果造成明末大乱，清兵趁机入关，直接导致了明朝的灭亡。 古今中外多少英雄拜倒在石榴裙下。 因此如果你的客户是这种至刚性情的 8 号领袖型，你用这一招一定会奏效，当然，不能超越道德的底线。

第十章

9 号人格：平和低调的和平主义者

9 号的主要性格特征

9 号性格者的主要特征包括：

1. 用不必要的事物来取代真实的需要。 最重要的事情往往被留在了一天的最后时刻。

2. 难以做出决定，又很难说"不"。

3. 根据习惯行动，重复熟悉的解决方法。 仪式主义。

4. 压抑身体的能量和怒火。

5. 用被动进攻和顽固坚持来表现控制力。

6. 关注他人的立场。 难以保持个人的主张，但是却能拥有感知他人内心体验的能力。 与 2 号性格者"给予者"有相似的地方。

9 号认识到他们自己的主张得不到重视，他们只能麻醉自己，分散自己的精力，让大脑把自己忘记。

当他们心中产生了某种个人的需要时，其他琐事反而变成了头等重要的事情，就好像如果不把餐桌收拾干净，客人就不会付账一样。 9 号离他们自身那些需要解决的优先选项越近，就越容易去注意那些无关紧要的事情，借此分散注意力。

他们的时间越充足，他们做的事情反而越少，因为他们很难分清楚哪些是重要的事情，哪些是不重要的事情。 9 号性格者说，他们总是无法知道自己的需要，因为他们过度投入到他人的愿望中，他们把精力分散在那些不太重要的事情上。 他们看太多的电视，他们的生活没有新鲜感；更糟糕的是，他们还暴饮暴食。

9 号性格者倾向于依照他人的日程安排来生活。 因为他们觉得自己的地位无足轻重，但他们又希望与他人保持联系。 他们学会了迎合他人，把他人的爱好当作自己的爱好。 在感情的初期或者一项新任务的初始阶段，9号总觉得是他人的兴奋把他们带入其中，而不是他们自己决定要投入进来的。 当9号对他人做出承诺后，他们会在履行承诺的中途突然清醒，觉得自己被他人的愿望拖累，不知道自己是如何走到这一步的，但是又很难拒绝这段关系。

对于很容易就受到他人情感影响的9号来说，说"不"是相当困难的事情。 在9号看来，对他人说"不"就如同自己遭到拒绝一样难受。 他们更愿意对他人点头，同意他人的观点，而不是公开表达自己的怒火，因为他们害怕发怒会导致分离。

9号性格者获得安全感的方式与众不同，他们逃避自己的需要，不愿做出决定和承诺。

9号性格是"九型人格"系统中最顽固的类型。 因为9号虽然会被某个问题所困惑，但是这并不意味着他们急于解决这个问题。那些尝试帮助9号做出决定的人，还有那些给9号施加压力让他们表明立场的人，往往会发现9号已经把自己的双腿都埋在了沼泽中，拒绝做出任何移动。

9号即使表面上很顺从，但内心还是会有所保留，他们因为要迎合他人而感到愤怒，因为自己从不被重视而感到愤怒。 9号的决定就是不做决定，保持生气状态，但是这种生气仅限于内心。

一旦确定了一个立场，9号坚持这个立场的顽固态度就像当初他们不愿选择立场一样。 9号性格者被称为调停者、和平维护者，因为他们天生的矛盾心理让他们能够同意冲突双方的观点，但是又不会完全成为某一方的支持者。

9号制定决策的过程是相当缓慢的，因为心中装满了以前那些尚未解决的问题。 决定对他们来说，就是要做出一些了结、一些放弃、一些改变、一些发展，这些都会让他们产生分离的担忧。 9号喜欢拥有的东西越多越好，失去的东西越少越好；他们喜欢去做熟悉的事情，而不愿去冒险尝试突然的改变。

如果你觉得"九型人格"中的每一种性格都与你有共同点，那么你很可能就是 9 号性格者。

9 号性格者习惯把自身的能量和注意力从真正的需要中挪开，所以他们常常表现出怠惰的特征。 让 9 号性格者忘记自己最容易的方法，就是把他们的注意力转移到一个能够让人上瘾的习性上。 这种上瘾的习性既可以是吸食大麻、酗酒，也可以是喜欢看肥皂剧，或者其他一些生活中的小小满足感。 一旦养成了这样的习性，9 号的思维就会被这种习性所局限，他们就会忘记生命中真正宝贵和重要的东西。

9 号性格者在感到安全的环境中充满活力和效力，但是如果他们从事的活动是无关紧要的，仅仅是内心需求的替代品，那么即使他们做得很出色，他们也会觉得失去了生命中最重要的东西。

对于陷入重要选择左右为难的 9 号来说，计划安排可能就是他们的救世主。 一个设计很好的安排，能够让 9 号放心行动，因为他们听从外界的选择。

9 号性格者对过去有超强的记忆力，因为记忆让他感到自己的存在。 通过坚守过去，9 号可以不去面对现实的承诺。

9 号的抑郁来自无所事事。 他们通过遏制身体的能量来让自己保持平衡。 这种遏制让他们总是有足够能量去从事那些无关紧要的事情，却把最重要的事情放在了最后。 9 号把自己与那些已知的、熟悉的行动拴在一起，忙碌的状态让 9 号没有时间感到抑郁，当然也就没有时间去设定期望，或者发现自己的优先需求。

当 9 号陷入这种无所事事的状态时，他们需要来自外界的帮助。 一段新的感情、一个新的机会或者一个清楚的计划安排都能帮他们重新发动起来。 如果 9 号能够把自己依附在他人的兴趣上，或者让自己去回应他人的需要，他们会更乐于行动。

9 号习惯压抑自己的怒火，直到他们受到的干扰达到了某种令人无法忍受的程度。 他们控制自己的怒火，但并没有放弃对他人的反抗。 尽管表面上是顺从的，但没有表达的愤怒反而为他们提供能量，去采取被动的反抗行为。

对调停者来说，让别人发脾气是轻而易举的事情，因为他们总是知道对方想要什么。 只要他们不按照对方的心愿去做，就会让他人恼羞成怒。 虽然习惯了用间接的方式去表达怒火，但实际上，如果他们能够选择直接的方式表达愤怒，他们将获得极大的解脱。

9 号的内心总是在挣扎，一面是不断累积的被压抑已久的愤怒情绪，另一面是对各方立场的全面考虑和顾虑。

进化后的 9 号性格者能够成为优秀的调解员、顾问、谈判者，只要不偏离方向，就能取得好成绩。

与 9 号人格的相处金律

1. 不受 9 号的迷茫心理影响，紧抓谈话重点

害怕做选择的 9 号调停者常常是迷茫的，他们在与人交流时，常常会提供过量的信息，他们似乎很享受这种围着问题打转的状态，因为他们从来不去直接解答问题。

9 号调停者的迷茫心理其实是因为他们关注问题时常常会站在各个角度，而不会站在一个固定的角度去看问题，他们搜集的信息常常是百科全书的信息。 他们喜欢了解和掌握有关某一个专题的所有信息，这些信息没有一个中心架构，常常是零散的，也会让人感觉非常烦琐。 但他们依然担心，自己是否占有了所有的信息。

9 号调停者经常认为别人没有关注他们，所以他们会反复述说同样的一件事，生怕别人不理解。

由此可见，9 号调停者的问题在于描述过多的细节，让听众陷入到资讯的海洋当中，这通常会覆盖信息中重要的内容。 对于没有重点的讲话，听众肯定会感到困惑或厌倦的。

话不在多，够用则行。 过多的资讯只会占用别人的时间。

人们在和 9 号调停者沟通时，需要调停者具备极强的语言提炼能力，并适当运用引导发问法限定他们的资讯，才能迅速抓住他们想要表达的核心思想。

2. 引导被动的 9 号主动去思考

如果你想让 9 号调停者在实际的交流中说出他们的心声，有一个非常有用的技巧，那就是用提问的方式引导他们思考，并鼓励他

们说出自己的观点。

提问之所以有这么好的效果，是因为提问不仅可以传达自己的立场、感受，引起对方的注意，还能为对方的思考提供既定的方向，让对方在指定的方向上的思考，从而获得自己希望得到的信息。

这对于常常迷失自我的 9 号调停者来说尤为见效。因为 9 号调停者常是发散型地思考，他们很难专心思考一个问题。而且，他们缺少强烈的自我，当他们接收过多的信息时，他们的内心也会有如一团乱麻一样，自己都弄不清楚自己的想法，加之他们不习惯表露自我，外人就更难知道他们真实的想法了。

面对被动、迷茫的 9 号调停者，如果你懂得发问，就能帮助他们将内心纷杂的信息做一个清晰的归纳，从而得出你想要的信息。面对一个个问题，9 号调停者被迫跳出那个倦怠的心理状态，开始思考这些问题的答案，并渐渐看到了自己的需求和发展方向。

9 号调停者这种需要外力刺激才能主动思考的心理可用心理学上的"马蝇效应"来解释。

马蝇效应来源于美国前总统讲过的一个故事："有一次我和我的兄弟在肯塔基州老家的一个农场里犁玉米地，我吆马，他扶犁。这匹马很懒，但有一段时间它却在地里跑得飞快，我都差点儿跟不上它。到了地头，我才发现有一只很大的马蝇叮在它的身上，于是我把马蝇打落了。我的兄弟问我为什么要打掉它。我回答说："我不忍心让这匹马被咬。"我的兄弟说："哎呀，正是这家伙才使马跑起来的啊！"

没有马蝇叮咬，马慢慢吞吞，走走停停；有马蝇叮咬，马不敢怠慢，跑得飞快。再懒惰的马，只要身上有马蝇，它也会精神抖攒，飞快奔跑，这种现象就叫作马蝇效应。

许多时候，倦怠的 9 号调停者就像故事中那匹懒惰的马一样，总是慢吞吞地行走。如果人们能适当地问一些问题，他们在问题的刺激下，就可以发挥更大的积极性，发挥自己应有的才智。

3. 对外柔内刚的 9 号，多建议少命令

9 号调停者有一个特点，他们表面顺从，但是内心刚硬，也就是人们常说的外柔内刚。

面对 9 号调停者，人们如果使用命令的方法，那么他们内心的不满情绪会上升，甚至会转变成愤怒。他们尽管习惯妥协，但是非常敏感，常常会采取对抗的情绪，因此这样的方法并不可取。当然，害怕冲突的 9 号不会直接表现出自己的愤怒，他们会采取很隐晦的方式，如消极怠工。

如果采取建议的方法，则会让他们感觉到你对他们的认可，他们会自发地帮助你，这个时候，你们共同的意志能让他们自动自发地帮你做事。

因此人们在与 9 号调停者交往时，要避免使用命令的方法，而是采取建议的方法。

4. 对害怕冲突的 9 号，采取合作的态度

9 号调停者不喜欢冲突，总是尽量避免发生冲突，他们甚至可以牺牲自己的利益，来换取和平，但是一旦冲突真正发生了，他们也会采取敌对的态度。

9 号调停者对于不合作的态度特别敏感，因此在和他们交往的时候，要懂得采取合作的态度。合作的态度是人际沟通的一项重要前提，卡耐基先生就曾通过这样的一个故事来说明合作态度的重要性。

在离我家一分钟行程的地方，是一片未开发的森林。春天的时候，小树丛会镶上一层白霜，小松鼠开始筑巢养育下一代。我常带小猎犬雷克斯到森林里散步，由于一向很少在这里碰见其他的人，我就让雷克斯自由奔跑。

一天，我们在森林里碰见一位骑警，那位警察显然很想表示一下自己的权威。"为什么让这只狗到处乱跑？为什么不用皮带或口罩？你不知道这是犯法的吗？"他指责道。

"是的，我知道。"我温和地回答，"但我以为在这种荒无人烟的地方，不会有什么危险。"

"你以为？你以为！法律可一点儿也不在意你怎么以为。这只狗很可能会咬伤小孩或松鼠，知道吗？我这次不处罚你，若是我再见到它不戴口罩或系上皮带，你就要直接去向法官解释理由了。"我再次温和地表示一定遵守规定。

我是想遵守法律规定，但雷克斯不喜欢口罩，我也不喜欢。所以，我们决定冒一下险。一日下午，我又带雷克斯到森林里去，我们跑过一座小山丘的顶部，忽然——那真是尴尬的一刻——我又见到了那位法律所赋予的权威，他正骑着一匹红棕色的马，而雷克斯正笔直地朝他跑去。

我被逮个正着，这次是无法逃脱了。所以不等他开口，我便抢先发言："警官先生，我是被你逮个正着，罪证俱在，没什么借口了。上星期你还警告我，假如不戴口罩、不系上皮带的话，不可让狗到这里来，否则便要接受处罚。"

"是啊，我是这么讲过。"骑警的语气相当温和，"我知道，这么一只小狗，让它在荒无人烟的地方跑跑，的确是很大的诱惑。"

"的确是很大的诱惑。"我回答，"只是，这违反了法律的规定。"

"啊，一只这么小的狗，应该不会伤到什么人。"骑警不同意。

"但它可能咬伤了小松鼠。"我又说。

"啊，别把事情想得太严重了。"警察告诉我，"我告诉你怎么办。把这只小狗带到我看不见的地方去，我们就不用再提这件事了"。

卡耐基第一次采取的态度不是那么合作，结果骑警给了他严厉的警告，而第二次他采取了合作的态度，结果骑警却在为其开脱责任。

人性当中确实存在这样的弱点，不喜欢别人对抗，对于害怕冲突的9号调停者来说尤其如此，因为他们更在乎和谐。 因此，人们在和9号调停者交往的过程中，更应该注意采取合作的态度，这样他们能感觉到你对和谐关系的诚意，如果你表现出敌对的态度，他们就会从中感觉到你的轻蔑和冒犯，而拒绝和你沟通，或者和你发生一些冲突。

5. 帮助遗失自我的9号找到他的目标

9号调停者是缺乏目标的，因为他们不关注自我。 这种自我遗失的心理特征，决定了人们在和9号调停者进行沟通的时候，应该懂得提供具体的细节和要求，以帮助他们找到目标。

遗失自我的另一个表现就是9号调停者会在做事的过程中，出现注意力不集中的现象，他们常常会在无意中耽误了工期。 他们不是特别会安排时间，常常在项目的初期非常轻松，优哉游哉地进行，但是到了项目的后期，常常觉得时间不够用，或者草草完工，或者延误。 为了防止出现这个问题，人们一定要懂得给9号调停者具体的要求，让他们明确自己的责任是什么，项目进度大概是什么样子的，并且时时提醒他们。 只有这样，他们才能比较专心地进行一件事情，并且确保事情能够按时完成。

有一位父亲带着他的三个孩子去森林打猎。

"你看到了什么?"父亲问老大。"我看到了猎枪、猎物，还有无边的森林。"老大回答。"不对。"父亲摇摇头说。

父亲以相同的问题问老二。"我看到爸爸、大哥、弟弟、猎枪、猎物，还有无边的森林。"老二回答。"不对。"父亲又摇摇头说。

父亲以相同的问题问老三。"我只看到了猎物。"老三回答。"答对了。"父亲高兴地点点头说。

老三答对了，是因为老三看到了目标，而且看到了清晰的目标。

故事中的三个孩子可以代表 9 号调停者的三种发展阶段：老大、老二的思维都太发散，接收的信息太多、太凌乱，这就是自我迷失的表现，而只看到猎物的老三有着高度的专注力，属于成熟阶段的 9 号调停者。 故事中的父亲就是一个引导者，引导所有的孩子都像老三一样目标明确。 人们在与 9 号调停者相处时，也要像故事中的父亲一样做好引导者，帮助他们走出自我迷失的困境，找到他们的目标。

如果拥有了专注力，9 号调停者就不会再为选择而烦恼，也不会再害怕冲突，更不用屈服于他人的观点，而是专注于自己的需求，并做得越来越好。 正如奥地利著名小说家斯蒂芬·茨威格所说："一切艺术与伟业的奥妙都在于专注，那是一种精力的高度集中，把易于弥散的意志贯注于一件事情的本领。"

如何管理 9 号人格员工

　　9 号觉得每个人都有自己的角度，从各自的角度看，他们的想法都是正确的。　这样的 9 号特别容易认同别人，也特别容易把自己的观点放在一边。　有的领导者会比较喜欢 9 号，因为他善于妥协，绝对不会跟领导对着干。

　　但是你要记住 9 号的一句话："我可以同意你的观点，但这不代表我没有观点。" 9 号有自己的立场，只是不想与人冲突而已。9 号的两边是 1 号和 8 号，他也像 1 号和 8 号一样，是一个特别固执的人，不会轻易改变自己。　他们会消极抵制，刻意对抗。　他嘴里说着"好"，却并不去做。　而且，9 号抱着"多做多错，少做少错，不做不错"的看法，觉得多一事不如少一事，做与不做也差不多，所以做什么都不紧不慢。　所以 9 号总给人"慢半拍"的感觉，让人无可奈何。

　　管理者要清楚 9 号的"散漫"，尽管他答应了"好"，也要提前提醒、检查。　比如，周一你吩咐 9 号周三交一个方案，那么周二一早你一定要提醒 9 号，这样才能保证周三 9 号能按时完成工作；如果你派完活就不管 9 号了，9 号可能会以为你只是随便说说的，不会认真对待，到了周三可就晚了。

　　9 号容易沉溺在细节里，把最初的目标搞得无影无踪。　管理这样的 9 号，首先要帮助他建立清晰的工作目标，让他把目标写下来，保持跟进，并且要随时确认他的行动。

　　还有一点，9 号是一群知足常乐、对生命没有太多的要求的人，这样，他们前进的动力就非常小。　这时候，你要引导 9 号说出他的理想，他想要达到的人生境界。 然后，你帮助他把大理想分解成小目标。 不然的话，他就会逃避，就只能被工作推着走。

如果有可能，尽可能单独辅导 9 号，也就是为 9 号提供贴身的辅导。 当你把所有的注意力都放在他身上时，他会重新审视自己，重新认识自己，发挥自己杰出的能力。

怎样与 9 号上司相处

9 号领导者的风格，老子概括得最好："太上，不知有之。 其次，亲而誉之。 其次，畏之。 其次，侮之。 信不足焉，有不信焉。 悠兮其贵言，功成事遂，百姓皆谓我自然。"这段话的意思就是：

最好的统治者，人们不知道有他的存在；其次一等，人民亲近并赞美他；再次一等，人民害怕他；最次一等，人民轻侮他。 统治者如果诚信不足，那人民就不会信任他。 统治者应该悠闲自如，不要随意发号施令。 这样才能功业成功、事情顺遂，百姓们都说"我们本来就是这样的啊"。

跟着这样喜欢"无为而治"的 9 号不会有太多的压力，也不会有太多的竞争，大家都会一团和气。 但不好的一点是容易出现"大锅饭"局面。 很多有斗志的 3 号受不了这一点，这样的人在 9 号的团队里会过得比较郁闷。 想改造 9 号，可能性很小。 跟着 9 号上司，你最好学会随遇而安。

9 号上司特别亲和，没有架子，员工经常直接去敲他的门。

9 号上司最好的一点是愿意授权，跟着 9 号上司是最能够发挥个人特长的。 而 8 号是非常强势的，最受不了别人跟他争权。

《杜拉拉升职记》中的人力资源总监李斯特就是一个典型的 9 号。玫瑰一跟他提加薪升职，他就无限制地拖。但是他很清楚杜拉拉的能力，很多重要的事情都会放心地交给杜拉拉去做，甚至允许杜拉拉越级直接向总裁何好德报告。当杜拉拉在工作中遇到问题时，他就打起了太极，杜拉拉只好依靠自己的聪明才智去摆平。

9号上司可以花时间聆听你的叙述，与你讨论计划中的正反面，但他不会用自己的行动去帮助你。在他看来，时间能解决一切。

9号上司有时表现得很官僚，让人感觉很窝火。杜拉拉聪明能干自然是她能够快速升职的重要原因，但遇到李斯特这样一个9号的上司，对她来说也是一种很大的促进。因为跟着这样的领导，你想做事就必须自己想办法，就必须快速成长。

9号是最善于建立团队的管理者，比如唐僧就是这样的领导者。 像孙悟空那样有本事的3号，猪八戒那样的多面手7号，沙僧那样的忠诚者6号，都可以被他所领导，一团和气又不耽误正事。 作为僧侣，唐僧一路上乐善好施、除暴安良，作为这个团队的领头人，他经常教诲大家，出家人要以慈悲为怀，而且他也这样做了。

用牵引法应对 9 号和平型客户

和平型客户因为在购买东西的时候总是表现出犹豫不决，拖拖拉拉，很容易被别人的思想左右，所以，销售人员可以充当他们的主心骨，帮助他们出主意。首先让我们来看一个案例：

一位老大爷来到一家药店里，走到咳嗽用药货架前研究了半天，看了好长一段时间，经过再三比较后，他最终拿了几样比较"顺眼"的药品，又拿在手中仔细地看了一下，便走向店员，询问这其中哪种药效果会更好。

这时候，一名店员发现其中有一种是公司规定的主要推荐品种，便机灵地指着说："这种不错。"

老大爷半信半疑地说："我看这种最近广告打得挺好，而且是某某明星代言的，效果应该也不错吧。"

店员灵机一动，立即附和道："是的，这个也是非常好的药！"

老大爷又指着手中的另外一种牌子的药，对那位店员说："这个是止咳糖浆，服用起来挺方便的，而且还是老牌子，应该也可以的。"

店员立刻点头回答说："确实是老牌子，非常有疗效。"

老大爷心中也没有一个主意，本来是想咨询一下店员，让店员帮着出一个主意，但是他接二连三的提问都没有得到自己想要的答案，最后，老大爷也失去了选择的能力，只好放下药品对店员说："等医生开了药方我再来买吧……"

我们对这个案例再分析一下，这位老大爷在购买商品的时候，心理不稳定，没有主见，很容易接受别人意见以及广告宣传，在听了这个药店店员意见的时候显得小心谨慎，挑选药品动作缓慢，费时较多。有时可能因为犹豫不决而中断购买行为，想买而又不知道哪个是最好的。

在这个时候，这名销售人员不该一味地"附和"，因为老大爷是想让他参与其中，帮他做个"参谋"的。但是，这名销售人员没有真正地为客户着想，没有注意到客户的想法，结果自己搞砸了这笔交易，其实只要销售人员稍加指点，这笔生意就很容易成交了。比如销售人员可以这样说：

店员："这种不错。"

老大爷："我看这种最近广告打得挺好，而且是某某明星代言的。效果应该也不错吧。"

店员："是的，这个也是非常好的药，但是，这种药属于西药，副作用要大一些，对于老年人不太适合！"

老大爷："这个是止咳糖浆，服用起来挺方便的，而且还是老牌子，应该也可以的。"

店员："嗯，这个是老牌子了，并且它采用的是全中药成分，对人的身体伤害非常小，但是，药效也非常缓慢。大爷，您就买我刚才给您推荐的这瓶吧。这个是采用的中西结合疗法，这种药副作用小，疗效快，是我们这里的主打产品，现在销售情况非常好。"

如果这样一说，我们可以肯定老大爷一定会选购这种药品了，因为他已经有很强的购买意愿了，只是因为自己无法决定哪个更好，不能确定购买哪个，销售人员只要稍加指点，就可以了。

　　和平型客户都非常和善，很信任别人，所以，当他选购商品的时候，你去主动帮助他们挑选商品，他们不会怀疑你的动机，当然销售人员要根据他们的喜好选择最适合他们的产品。千万不要把他们当成傻瓜，他们有自己的想法，只是因为自己的想法太多了，一时间不知道该先满足自己哪个需求，所以，你只要帮助把他们的需求排一下顺序，让他们知道哪个需求是最重要的就可以了。

　　比如，某名和平型客户来到服装店里，看到这些衣服都很漂亮，都非常不错，一时之间不知道该选择哪一件了，这个时候，销售人员可以上前询问一下，比如问他"您想买这件衣服在什么时候穿？"然后再根据客户的回答，找到最适合他的产品。当然，还可以在销售的时候告诉他各种颜色都比较适合哪些场合，哪个时间段穿，通常都搭配什么衣服穿，通过你这样周全的介绍，就容易使和平型了解到自己买衣服的目的是什么。否则，他们即便刚进店的时候还打定主意要买什么样的衣服，但是，一旦进入店里，看到每件衣服上都有自己需要的那一点，就忘记了自己买衣服的初衷，就会变得犹豫不决，最后就可能因为一时难以决断，便选择放弃购买。

　　总之，销售人员在和平型面前要表现得主动一些，要站稳立场，事先确定卖哪件产品，引导他把注意力集中到这件产品上，让他发现这件产品是最适合他们的。